Die

Lehre von den Testamentsvollstreckern

nach dem

Bürgerlichen Gesetzbuch für das Deutsche Reich.

Nebst einer Einleitung:

Das Amt des Testamentsvollstreckers nach Gemeinem und Preußischem Rechte,

und einem Anhange:

Das giltige Testament nach Deutschem Reichsrecht.

Von

Dr. jur. A. Sturm,

Kgl. Notar und Rechtsanwalt am Kgl. Landgericht zu Naumburg a. S.
und am gemeinschaftlichen Fürstl. Landgericht zu Rudolstadt.

Leipzig,
Verlag von Veit & Comp.
1898.

Schiedsspruch

in dem

Rechtsstreite über die Thronfolge

im

Fürstentum Lippe.

Wortgetreuer, unter Zustimmung der Parteien veröffentlichter Abdruck.

Mit drei Anlagen.

gr. 8. 1897. geh. 1 *M*.

Die
Lehre von den Testamentsvollstreckern
nach dem
Bürgerlichen Gesetzbuch für das Deutsche Reich.

Nebst einer Einleitung:

Das Amt des Testamentsvollstreckers nach Gemeinem und Preußischem Rechte,

und einem Anhange:

Das giltige Testament nach Deutschem Reichsrecht.

Von

Dr. jur. A. Sturm,

Kgl. Notar und Rechtsanwalt am Kgl. Landgericht zu Naumburg a. S.
und am gemeinschaftlichen Fürstl. Landgericht zu Rudolstadt.

Leipzig,
Verlag von Veit & Comp.
1898.

Dem Herrn

Fürstl. Schwarzburgischen Geheimen Staatsrathe

und

Kammerherrn

Dr. jur. Albert von Holleben

gewidmet.

Widmung und Vorwort.

Ihnen, Hochverehrter Herr Geheimer Staatsrath, habe ich dieses Buch in dankbarster Erinnerung an Sie und die längst vergangene Zeit meiner Thätigkeit im Fürstlich Schwarzburgischen Ministerium gewidmet, der ich, wie allen denen, die mir in den lieben Jahren, die ich in Ihrer schönen Heimat verlebte, nahe traten, ein dankbares Andenken bewahren werde.

Mit jener Zeit ist dieses Buch noch insofern verknüpft, als ich meine erste Abhandlung über Testamentsvollstrecker, die auch Ihr damals und jetzt dort geltendes gemeines Recht enthält, von Rudolstadt aus als Fürstl. Regierungsassessor erscheinen ließ; die weitere Forschung ist auf dieser Grundlage nun weitergebaut. Ferner ähnelt die Zeit, der wir entgegen gehen, jener, als ich, von Preußen beurlaubt, dort juristisch thätig sein durfte; damals wurde zuerst das neue Civilproceßverfahren wirksam; in der Zeit, für die mein Buch bestimmt ist, wird das neue Recht für das Reich wirken, und auch an Ihrem und meinem Landgericht zu Rudolstadt wird nur *ein* Recht gelten. Aber ein Unterschied wird sein: während uns im Anfang der Geltung des neuen Processes die nach altem Verfahren behandelten Acten in Bezug auf das Verfahren nach gemeinem und Preußischem Recht wenig interessirten, wird das alte Recht noch *fortwirken*. Darum schien es geboten, die Normirung des Instituts nach gemeinem und Preußischem Rechte in der Einleitung zu behandeln, denn ich gebe hier nicht antiquarisches, sondern noch *lebendiges* Recht. —

Auf diese Weise kann das Buch, das allerdings durch die Vertheidigung meiner theoretischen Ansicht veranlaßt wurde, ein praktisches Nachschlagebuch für Juristen und Laien werden, die darin für das alte Recht, vor allem aber für das neue deutsche Recht die Normen für ein sehr praktisches Rechtsinstitut finden, das bisher von Controversen überwuchert war, und nun klarer gestellt ist. Ich nehme auch an, daß die Deutschen, die jetzt leben, bereits an die Zeit des neuen Rechts denken müssen, da uns diese so überaus nahe bevorsteht; ihnen wird es erwünscht sein, auch die Lehre von den Formen des Testaments in demselben Werke zu finden. Wenn sie jetzt ihr Testament machen, so gilt nach Art. 214 des E.G. die vor dem Inkrafttreten des Bürgerlichen Gesetzbuchs erfolgte Errichtung oder Aufhebung einer Verfügung von Todeswegen nach bisherigem Recht, auch wenn der Erblasser nach dem Inkrafttreten des Gesetzbuchs stirbt. Stirbt der Erblasser vor dem Inkrafttreten, so gelten für die erbrechtlichen Verhältnisse, also auch die Testamentsvollstrecker, die bisherigen Gesetze. Andernfalls, und keiner kann wissen, wie lange er lebt, müssen die neuen Rechtsverhältnisse schon jetzt im Testament beachtet werden. —

Das gemeine und Preußische Recht, wie ich es in der Einleitung gebe, habe ich mit der Erlaubniß des Herrn Verlegers im Ganzen in der Fassung, wie ich es in Iherings Jahrbüchern (XX. Band, N. F. 8. Band, 1. und 2. Heft) seiner Zeit gab, im Wesentlichen wiedergegeben, und nur größere, durch neue Literatur gebotene zeitgemäße Aenderungen und Erweiterungen beigefügt, so daß das Ganze ein einheitliches Werk geworden ist.

Möge das Buch einen bescheidenen Baustein zum Aufbau des künftigen Deutschen Rechts bilden.

Naumburg a/S., 1897.

A. Sturm.

Inhalt.

[1] Der Druckfehler in der Ueberschrift S. 16 ist zu corrigiren.

Einleitung.

Das Amt des Testamentsvollziehers nach gemeinem und nach Preußischem Rechte.

§ 1.

Zur Geschichte des Instituts der Testamentsvollstreckung.

Der Grundgedanke der Testamentsvollstreckung, die Vollziehung des letzten Willens nicht den Erben, sondern einem unparteiischen Dritten anzuvertrauen, scheint in der Natur der Sache zu liegen und findet fast in allen modernen Rechten seinen Ausdruck. In der That sind es drei sehr praktische Gründe, welche für dieses Institut sprechen. Einmal kann dem Erblasser daran liegen, für die angemessene Vollziehung des Testaments durch einen dritten Machthaber zu sorgen, weil er die Unfähigkeit der Erben kennt, verwickelte Geschäfte zu regeln; ferner kann er durch die Bestellung eines Testamentsvollstreckers Streitigkeiten zwischen den Nachlaßinteressenten beseitigen wollen. In diesen beiden Fällen liegt mehr ein ideales, ethisches Interesse vor; denn für die Erfüllung der materiellen Interessen bietet das Klagerecht der Bedachten eine gewisse Garantie. Da es aber bei Uebereinstimmung der Nachlaßinteressenten eventuell an einem Kläger und einem Zwange zur Befolgung des letzten Willens fehlen kann, und da es ferner Verfügungen gibt, an deren Erfüllung Niemandem, ja nicht einmal dem Staate, etwas liegt, so verfolgt der Erblasser, der einem Testamentsvollstrecker die Erfüllung auch seiner rein persönlichen Wünsche anvertraut, oft auch ein recht reales, materielles Interesse.

Man müßte daher annehmen, daß jedes Volk, welches ein ausgebildetes Erbrecht besitzt, leicht zu dem Institut der Testamentsvollzieher kommen sollte. Steht es auf dem Standpunkte, die Erbschaft realistisch als einen Haufen herrenlosen Gutes, eine gute Prise zu betrachten, deren sich der Ueberlebende freut, so muß es in der Fürsorge für die Interessen des Egoismus gleichsam von selbst darauf verfallen, einen Vertrauensmann zu wählen, der die Güter gerecht vertheilt und Streitigkeiten verhindert; es ist dies jener niedere Standpunkt, auf dem etwa eine Räuberbande steht, wenn sie in ihrem eigensten Interesse ihrem Hauptmann die Theilung überläßt.

Steht ein Volk auf dem höheren Standpunkt, den das Römische einnahm, daß es in der Hinterlassenschaft eine Verkörperung des letzten Willens erblickt, eines Willens, der bei Lebzeiten nur im Interesse der Gesammtheit antastbar war, und dessen letzte Aeußerung der Gesammtheit der Hinterbliebenen als etwas Heiliges gelten muß, so muß es ebenfalls gleichsam von selbst dazu kommen, einen Vollstrecker dieses Willens zu suchen, der jener machtlosen letzten Willensäußerung den Körper leiht, um sie zu verwirklichen.

Steht endlich ein Volk, wie das Deutsche, auf dem höchsten, dem christlichen Standpunkte, daß es eine persönliche Fortdauer der Seele annimmt, so sieht es in dem Testamentsvollzieher den Vollstrecker der letzten irdischen Aeußerung eines unsterblichen Geistes, den in dieser Vollstreckung ein geistiges Band mit jenem verknüpft.

Das Institut ist dem Römischen Rechte unbekannt geblieben, während es das Deutsche Recht in hohem Grade ausgebildet hatte. Nach der Reception des Römischen Rechts mußte sich daher dasselbe eine neue Grundlage im gemeinen Rechte erringen, ein Kampf, der um so schwieriger war, als die recipirten Grundgesetze des Römischen Erbrechts der Idee des Instituts widersprachen, und die deutschrechtlichen Stützen desselben aus der Praxis verschwanden.

a) Die Anklänge an das Institut der Testamentsexecution im Römischen Recht.

Das Römische Recht kennt das Institut der Testamentsexecution nicht einmal dem Namen nach[1]. Es konnten im alten Rom die Ueberlebenden zur Erfüllung des letzten Willens zunächst nur dadurch veranlaßt werden, daß einzelnen Personen Vermächtnisse ausgesetzt wurden, mit der Bestimmung, diese Vermächtnisse an Andere zu geben oder in gewisser Weise zu verwenden. Wenn diese Bestimmungen auch nicht einfach den Charakter einer Leistung an den Honorirten an sich tragen[2], so geben sie doch den Bedachten keine Macht über die Erben; sie ermöglichen nur die Ausführung einzelner letzten Wünsche und suchen Dritte durch materielle Vortheile dazu zu bewegen. Daher ist in den meisten Fällen die Ausführung die Bedingung einer Honorirung. So lautet z. B. l. 12 § 4 D. 11, 7: „Funus autem eum facere oportet, quem decedens elegit; sed si non ille fecit, nullam esse ejus rei poenam, nisi aliquid pro hoc emolumentum ei relictum est; tunc enim, si non paruerit voluntati defuncti ab hoc repellitur.“ In einer anderen Stelle, l. 88 § 1 de leg. II, ist allerdings von einer Honorirung keine Rede; doch erhält auch hier der Dritte keine Macht über die Erben, er kann sie nicht anhalten, das Leichenbegängniß zu besorgen, er kann die dazu nötige Summe nicht gegen sie ausklagen, nur im Wege des Vermächtnisses konnte ihm neben den Erben die nötige Machtfülle verliehen werden (a te peto, Titi, fideique tuae committo — pro hoc tot aureos e medio praecipito —)[3]. Auch l. 3 D. 34, 1 spricht nur von einem auf ein Vermächtniß gelegten Fideicommiß (Windscheid, Lehrbuch III S. 109 Anm. 7); es ist kein Grund vorhanden, mit Cujacius aus dem Schlusse

[1] Vergl. Randa, Erwerb der Erbschaft S. 73, Windscheid, Lehrbuch III S. 109 Anm. 6, Koch, Preußisches Erbrecht S. 331.

[2] Vergl. Sintenis, Civilrecht B. III S. 497, Anm. 4.

[3] Vergl. l. 17 pr. de leg. II, l. 78 § 1 D. 36, 1. In dem Falle der letzteren Stelle haben die Depositarien, wenn auch kein wirkliches Fideicommiß, so doch den Zinsengenuß.

der Stelle zu schließen, daß die Römer besondere „dispensatores legatorum“ gekannt hätten [1]. Im neueren Römischen Recht [2] findet sich jedoch eine Stelle, welche auf das Bestehen wirklicher Testamentsexecutoren hindeutet. In der novella 68 Leonis heißt es, die Geistlichen könnten zwar keine Vormundschaft übernehmen, wohl aber könnten sie Testamentsvollstrecker werden (quibus testatores, bona illorum existimatione moti, testamentarias de rebus suis praescriptiones committunt, ac post mortem earum executionem concredunt); das Amt der Letzteren, welche nur uneigentlich tutores (*ἐπιτρόποι*) genannt würden, sei wesentlich leichter als das Amt der Vormundschaft. Allein dies Recht der Geistlichen ist nicht in's gemeine Recht übergegangen.

Das Römische Recht fand später noch das Mittel, einem Honorirten Handlungen oder Unterlassungen durch einen modus aufzulegen [3]; war dies geschehen, so konnte der Erbe den Legatar, der Miterbe den Miterben zur Erfüllung zwingen. Bei collidirenden staatlichen oder religiösen Interessen, hinter denen keine speciell Bedachten standen, griff die Obrigkeit ein. Anordnungen des Testators, die nur das eigne Interesse des Honorirten im Auge hatten, waren unverbindlich.

Im Übrigen that wohl zur Erfüllung aller Wünsche des Testators die altrömische Pietät das ihre, die in dem Universalsuccessor des Verstorbenen, dem Erben, gewiß in den meisten Fällen ihren eifrigsten Beschützer fand. In materieller Hinsicht ersetzte bei dem formellen Mangel der T. E. die Erbeseinsetzung unser Institut. Der Erbe wickelte, ganz wie unsere Executoren, die Geschäfte ab, und die bedachten Personen bekamen das Zugedachte rein und mühelos in ihre Hände (vergl. v. Ihering, Geist des Römischen Rechts § 56 No. 2).

Ganz irrig wäre es, in dem sogenannten mandatum post mortem einen Anklang an die Testamentsexecution zu finden. In den viel bestrittenen Stellen l. 12 §. 17, l. 13 D. 17, 1 ist

[1] Schulz III. Ueber Testamentsvollzieher § 2; Mühlenbruch, Glück's Commentar B. 43 S. 394 Anm. 19.

[2] Vergl. A. Kreutzer, Dissert. de executoribus testamentariis §§ 7, 8.

[3] l. 17 D. 35, 1.

nicht gesagt, daß den Erben das Recht des Widerrufs entzogen sei. Selbst in den Fällen des modernen Rechts, wo die clausula heredum zulässig ist (vgl. Hinschius in der Preuß. Anwalts-Zeitung 5. Jahrgang S. 764 Anm. 6), oder das Mandat an und für sich nicht durch den Tod aufgehoben wird (Handelsgesetzbuch § 297, Puchelt, Comment. S. 91), bleibt dieses Widerrufsrecht bestehen. Muß man aber diese Wahrheit zugestehen, so muß man auch anerkennen, daß dem Bevollmächtigten die unabhängige Macht über die Erben fehlt.

Von Scheurl (Beiträge zur Bearb. des Röm. Rechts I S. 106 ff.) nimmt Gültigkeit des mandatum post mortem an. Meines Erachtens ist mit Dietzel (zur Lehre vom mandatum post. mort. in der Zeitschrift für Civilrecht und Prozeß N. F. Bd. 13 S. 424) zu lesen: heres ejus non poterit agere, denn das nachfolgende „vero“ fordert ein „non“. Der Erbe hat also keine Klage. Vielleicht dürfte die Stelle aber so zu verstehen sein: Wenn Jemand beauftragt war, nach dem Tode des Machtgebers ein Denkmal zu bauen oder den Erben ein Grundstück zu kaufen, und er hat noch vor des Erblassers Tode das Denkmal gebaut oder das Grundstück gekauft, so geht die Pflicht, Ersatz zu leisten, auf die Erben über, weil sie schon gegen den Erblasser begründet war: potuit enim agere etiam cum eo qui mandavit ut sibi pecuniam daret ad faciendum, maxime si jam quaedam ad faciendum paravit. —

b) Die Testamentsvollzieher im Kanonischen Recht.

Das Kanonische Recht suchte die Befugniß der Bischöfe, die Ausführung frommer Stiftungen zu überwachen, dahin auszudehnen, die Testamente überhaupt der geistlichen Gerichtsbarkeit[1] zu unterwerfen; wäre ihm dies gelungen, so wäre allerdings eine mit voller Macht ausgestattete Testamentsexecution vorhanden gewesen[2]. Allein die Bestimmungen des

[1] Vergl. Clem. unica de test. III, 6 (vergl. hierzu Capitularium additio III cap. 87 bei Koch, P. Erbrecht S. 333), ferner cap. 3, 6, 17, 19 X. de testamentis et ult. vol. III, 26.

[2] J. A. Dürr, de manu fidelibus etc. will die Testamentsexecution

Kanonischen Rechts gingen nicht nur nicht in's gemeine Recht über, sondern gelangten überhaupt zu keiner vollen Ausbildung, weil die Geistlichkeit für ihre Zwecke ein dem Deutschen Volksrechte entsprungenes Institut acceptiren konnte.

c) Die Testamentsvollzieher des Deutschen Rechts.

Die Grundlage unserer Lehre im Deutschen Volksrecht aufgefunden zu haben, ist das große Verdienst Beselers[1] und Pauli's[2].

Den Germanen war ursprünglich das Testament gänzlich fremd. Dem späteren Deutschen Testamente fehlte die Idee des Römischen Erben, es bestand aus einem „Aggregat einzelner Vermächtnisse." Demnach fehlte es an einem Vollzieher des letzten Willens, zumal da das Deutsche Recht keine Klage des Vermächtnißnehmers gegen den gesetzlichen Erben kannte. Ein solcher Vollzieher mußte die Macht über den Nachlaß haben, ihn als Einheit zu sammeln, zu verwalten und zu theilen. Einen derartigen Machthaber entnahm man einem Deutschen Treue-Verhältnisse, dem Institute der Salmannen[3]; der Salmann erhielt die Gewere zur getreuen Hand,[4] und hatte in dieser Gewere die nöthige Machtbefugniß, den Nachlaß dereinst nach Anordnung des Erblassers einem Anderen zu übergeben. Bei diesem Verhältniß wird ein Punkt meines Erachtens zu wenig betont. Während der Salmann Dritten gegenüber in der Gewere einen rechtlichen Schutz hatte, ruhte seine Stellung gegenüber dem Erblasser weder auf einem Vertrage, noch wurde er, wie im Römischen Recht, durch materielle Vortheile zur Erfüllung seiner Pflicht bestimmt; diese Pflicht ruhte allein auf der Deutschen Mannen-Treue, die auch dem Verstorbenen

auf ein geistliches Institut, welches in der Beschützung des Nachlasses gegen das jus spolii und die allgemeine Beraubung bestanden habe, zurückführen. Vergl. Beseler in der Zeitschrift für deutsches Recht, Band 9 S. 147 Anm. 4.

[1] Zeitschrift für Deutsches Recht V S. 144; Deutsches Privatrecht Bd. 1 S. 591; die Lehre von den Erbverträgen I S. 242—288.

[2] Abhandlungen aus dem Lübischen Rechte Band 3 S. 306 ff.

[3] Ueber die verschiedenen Bezeichnungen vgl. Albrecht, Gewere S. 245.

[4] Vergl. das Recht der treuen Hand, Diss. von H. Lammer S. 18—25.

zu bewahren war! Später verlor sich die Auflassung an den Salmann und mit ihr dessen Gewere; hiermit war die Grundlage des Instituts erschüttert, denn war er auch dem Verstorbenen durch die Treue nach wie vor verbunden, so fehlte ihm doch Dritten gegenüber die Macht. Ich bin daher der Meinung, daß man in jener Zeit des Uebergangs nicht nur in Lübeck, sondern allgemein an Stelle der Gewere der treuen Hand in der Gewere der Vogtei ein Mittel fand, den Nachlaß zusammenzuhalten und den letzten Willen zu vollziehen [1].

Wie für Getödtete, ja überhaupt für Gestorbene eine Vormundschaft vorkam, so wurde die Macht der Vogtei zur Vollziehung letztwilliger Verfügungen benutzt [2]. Dies konnte um so leichter geschehen, als dieselbe eine Bestellung nach freier Wahl zuließ. Diese Vormünder des letzten Willens [3] waren regelmäßig zugleich die Vormünder über die Wittwe und die Kinder [4]. Schon in ihrer Ernennung lag das Recht, den letzten Willen zu vollziehen, und so konnten sie als bestellte Vögte Vergleiche schließen, den Nachlaß reguliren, Klagen anstellen, veräußern und vor allem auf Grund der vogteilichen Gewere den Besitz beanspruchen, ohne daß eine spezielle Aufzählung dieser Befugnisse nöthig war.

d) Die Testamentsvollzieher nach der Reception des Römischen Rechts.

Als mit der Aufnahme des Römischen Rechts im sechszehnten Jahrhundert die Bedeutung des Erben zur vollen Geltung kam, dem als Universalsuccessor die Vollziehung des letzten Willens zustand, das Deutsche Volksrecht aber daneben seine Testamentsvollzieher beibehielt, mußte im Juristenrecht einer jener bekannten Conflikte entstehen, wie wir sie im gemeinen

[1] Pauli a. a. O. S. 311, 316.

[2] Kraut, die Vormundschaft B. 1 S. 11, S. 31.

[3] Vergl. das Testament vom Jahre 1369 bei Kraut a. a. O. S. 263. Anm. 61: „To dem ersten kese ik to minen testamentarien und to vormundere mines lesten willen etc."

[4] Vergl. Nürnberg. Ref. vom Jahre 1479 Tit. 18 Ges. 10 bei Kraut a. a. O. S. 264.

Recht beim Aufeinanderstoßen rechtlicher, ja ethischer Gegensätze zweier Volkscharaktere so vielfach finden.

Der Conflikt wurde um so größer, als die Gewere der treuen Hand und die Gewere der Vogtei mit diesen Instituten wegfiel.

§ 2.

Zur Geschichte der Theorieen über das Institut der Testamentsvollstreckung.

Die Rechtsentwickelung des Instituts ist eine äußerst kampfreiche, wie es in der Natur des Widerspruchs zweier Rechte liegt. Deutscher Rechtssinn hat im bürgerlichen Gesetzbuch das Rechte gefunden, aber die Vorbereitungen dazu lieferte ihm die Theorie der jüngsten Zeit, die eine eigene, gerade meine Ansicht am meisten interessirende, weil auf ihr ruhende Wendung gemacht hat.

a) Die Vormundschaftstheorie.

Aus der Thatsache, daß in den Städten die Vogtei die Grundlage der Testamentsvollziehung war sowie aus den Worten der Novella leonis schlossen die gelehrten Juristen nach der Reception, daß die Testamentsexecution nach Analogie der Vormundschaft zu beurtheilen sei, und wir begegnen überall dem Ausspruch: Executores ultimarum voluntatum tutoribus aequiparantur [1].

Bald erkannte man jedoch, daß nach dem Wegfall der Vogtei und ihrer Gewere sich die Testamentsexecution nicht auf die von jener ganz verschiedene Vormundschaft des gemeinen Rechts stützen ließ, und so beließ man es meistens bei

[1] Vergl. Mynsinger, Treutler, Mevius, Karpzow, Struv, Stryk, Wernher, Faber, Lauterbach, Dürr, Hofacker, Günther bei Beseler, Zeitschrift a. a. O. S. 161 und 165. So sagt unter anderm Mynsinger (resp. jur. Dec. IV Resp. 35 No. 23) „testamentarii autem tutores quid differunt ab executoribus, nonne est eadem ratio administrationis rerum alienarum?“ In jener Zeit entstand auch die irrige Eintheilung in executores testamentarii, legitimi und dativi.

dem Vergleiche, ohne daß man die Analogie zur Construction benutzte[1]. So verfährt auch der neueste Vertreter der Vormundschaftstheorie, Windscheid (Pandekten Band 3 S. 110), indem er zugibt, daß die Consequenzen aus den beiden Punkten, daß der Vormund im öffentlichen Interesse aufgestellt sei und nicht freiwillig eintrete, während für den Testamentsvollzieher allein die privaten Interessen des Testators maßgebend seien und Niemand ihn zur Uebernahme nöthige, im Einzelnen nicht gezogen werden könnten.

In der That ruht das Institut der Vormundschaft mit seinem amtlichen Charakter auf ganz anderen, öffentlich rechtlichen Grundlagen. Es lassen sich daher nicht nur nicht die von Windscheid angegebenen Consequenzen, sondern überhaupt keine Consequenzen aus der ratio des einen Instituts auf das andere Institut anwenden. Meines Erachtens ist aber auch nicht einmal die bloße Vergleichung mit der Vormundschaft zu empfehlen. Der Vormund vertritt immer die gleichen Interessen einer bestimmten Person, der Testamentsvollzieher vertritt ein Vermögen, welches den verschiedenen Interessen mehrerer Personen dient, er gleicht daher eher einem Güterpfleger.

b) Die Mandatstheorie.

Nachdem man der Vormundschaftstheorie entsagt hatte, verfiel man in den Irrthum, die Testamentsexekution aus dem Mandatsvertrage konstruiren zu wollen. Diese gewagte Construction hatte in früherer Zeit ihren Grund in dem Bemühen der Gelehrten, Deutschrechtliche Institute auf Römische Stellen zu gründen, später fand sie ihren Anhalt in dem Bestreben der naturalistischen Schule, Alles auf den Vertrag zurückzuführen, ein Bestreben, das wieder aus dem vorherrschenden Subjectivismus der Philosophie und dem Verkennen des objectiven Rechts zu erklären ist. Wir finden diese Theorie schon bei

[1] Vergl. Mevius, comment. ad jus Lubec. II tit. 1 art. 15 sub 24, und Kreitmayr bei Beseler, Zeitschr. für deutsches Recht B. 9 S. 164. „Mit curatoribus bonorum kommen sie in viele Wege überein, differiren aber auch in gar verschiedenen Stücken."

Cocceji[1] und Rüling, der sonderbarer Weise von allen jenes Buch citirenden Autoren unter „F. A. Zoller, de executoribus ultimarum voluntatum" citirt wird[2]. Obwohl die Zahl der Vertreter dieser Theorie eine äußerst große ist[3], haben doch die jetzt feststehenden Detailvorschriften wenig darunter gelitten. Sie wurden, so auffallend sie erscheinen mußten, aufrecht erhalten; dies war nur dadurch möglich, daß man unter „Mandat" einen einseitig erklärten und von den Erben nicht zu widerrufenden Auftrag verstand, den auch der Bevollmächtigte nicht sollte kündigen können. Hiermit hatte man den „Römischen Namen und nicht die Römische Sache" (Windscheid, Pandekten B. 3 S. 109 Anm. 7). Am deutlichsten wird dieser logische Widerspruch bei Sintenis (Civilrecht B. 3 S. 503) sichtbar. Mit den von ihm selbst verworfenen Römischen Stellen sucht er die Mandatstheorie zu halten, gibt aber zu, daß sie zur Erklärung aller möglichen Fragen nicht ausreiche. Zuletzt kommt er dazu, das Recht des Testamentsvollziehers zu leugnen. Die gewohnheitsrechtlichen Normen nennt er einen „Wust von wucherisch aufgesproßtem Detail". Diese Normen mußten fest im Deutschen Volksrecht wurzeln, wenn sie sich trotz solcher Angriffe der „Romanisten" erhalten konnten.

Nachdem diese Theorie von Beseler (Zeitschrift für deut-

[1] Exerc. curios. vol. II disp. 47 S. 944.

[2] Henri Le Fort a. a. O. S. 115, Koch, Erbrecht S. 330, Beseler, Zeitschrift a. a. O. S. 163. Der Titel der kleinen lateinischen Dissertation lautet: „Dissertatio juridica de executoribus ultimarum voluntatum quam — Praeside D. F. G. Zollero — pro gradu doctoris D. XVIII. August. MDCCLXIII publico eruditorum examini submittit auctor Joannes Martinus Rüling.

[3] Vergl. Thibaut, v. Wening-Ingenheim, Mühlenbruch, Göschen, Puchta bei Beseler a. a. O. S. 163, Wolff, Lehrbuch des D. Privatrechts 1 § 194, Arndts, Pandekten S. 815, Holzschuher, Theorie und Kasuistik Band II S. 703, Randa, Erwerb der Erbschaft S. 72 ff., Genzler, Lehrbuch des Deutschen Privatrechts Band 2 S. 1470. Schweppe (Römisches Privatrecht 5 § 943 Note 3 S. 414) erklärt, die Praxis finde in den Testamentsexecutoren „ein Mittelding" zwischen Mandataren und Vormündern.

sches Recht a. a. O. S. 166), von Hinschius (Anwaltszeitung a. a. O. S. 760 ff.), Dernburg und Windscheid glänzend widerlegt ist, halte ich sie für beseitigt. Die beiden Momente, daß die Testamentsexecution seitens des Testators willkürlich widerruflich, und, wenn übernommen, weder von den Erben noch vom Vollstrecker kündbar ist, genügen, um die Construction aus dem Mandate und dem Vertragsrecht überhaupt unmöglich zu machen. Eine Macht über die Erben kann Jemand einem Dritten nicht durch einen Vertrag geben, weil die Erben immer in den Vertrag und das Machtverhältniß einrücken.

Hier ist noch zu erwähnen, daß das Preußische Landrecht zwar unter der Herrschaft der Mandatstheorie entstand, aber zum Glück dieselbe nicht zur Construction verwerthete, wie später zu zeigen ist[1].

c) Die Legatstheorie.

Die von Koch (Erbrecht S. 339) und bereits von Durandus aufgestellte Lehre, daß die Testamentsexecution eine Art des Legats sei, ist leicht zu widerlegen. Obwohl beide, Legat und Testamentsexecution, den Erben beschränken, erhält der Legatar einen bestimmten Vermögensvortheil, der Executor aber eine persönliche Macht über den ganzen Nachlaß, der Legatar beschränkt den Erben quantitativ, der Executor qualitativ. Unzulässig ist es, die ideale, durch die Treue bedingte Stellung des Testamentsvollstreckers an einen pecuniären Vortheil zu knüpfen, derselbe ist hier so unwesentlich, wie er für das Legat wesentlich ist. Den nur mit Mühe verbundenen Auftrag aber als ein materielles Legat zu bezeichnen, ist kaum mehr als ein Wortspiel.

d) Die Schiedsrichter-Theorie.

Die Ansicht, daß der Testamentsvollzieher ein arbiter sei[2], hat Beseler widerlegt (Zeitschrift S. 171). Sie beruht auf

[1] Vergl. Koch, Erbrecht S. 335.

[2] Hellfeld, Jurispr. forens. Band 3 S. 574 §. 1503 „Privatus vero executor arbitri loco est“; vergl. auch Thibaut, Roßhirt und Leyser bei Beseler a. a. O. S. 163.

der Reminiszenz an die nicht mehr gültige Kanonische Lehre, daß dem Vollstrecker die Verwendung des ganzen Nachlasses frei überlassen werden kann. Heut kann derselbe nur wie jeder Dritte zum arbiter ernannt werden, dazu bedarf es aber einer ausdrücklichen Bestimmung im Testament.

e) Die Theorie der formellen Repräsentation.

Beseler's Meinung[1], daß der Testaments-Vollzieher den Erblasser formell repräsentire, und daß diese Repräsentation auf der modificirten Testirfreiheit des heutigen Rechts ruhe, enthält den richtigen Gedanken, daß dem Testator in der Zulassung der Ernennung eines Machthabers über die Erben eine Befugniß zusteht, die ihm nach Römischem Rechte nicht zustand. Dagegen ist die Scheidung in eine formelle und materielle Repräsentation des Erblassers nicht haltbar. Der alleinige Repräsentant ist der Erbe, der Testamentsvollzieher ist nie im eigenen Namen berechtigt oder verpflichtet. Dazu kommt, daß, wie Beseler selbst einräumt (Zeitschrift a. a. O. S. 174), mit dem Principe für die Construktion nichts gewonnen ist, weil es nur eine Beschreibung enthält. Es bleibt, wie Windscheid sagt (Pand. S. 110 A. 7), nichts übrig, als daß der Testamentsvollzieher in Betreff fremden Vermögens eine gewisse feste, von den Erben nicht zu verkümmernde rechtliche Stellung hat, welche einestheils nicht nach der Analogie der rechtlichen Stellung des Erben zu beurtheilen ist, von welcher andererseits aber auch nicht gesagt wird, nach welcher Analogie sie zu beurtheilen sei.

[1] Henri Le Fort meint: „Cette théorie ingénieuse de Beseler n'a point réuni de nombreux partisans, elle n'a même été soutenue par aucun autre écrivain de droit civil que son auteur.“ Dies ist nicht richtig, schon Hillebrand (Privatrecht S. 613) theilt die Ansicht und neuerdings kommt Dernburg (a. a. O. S. 451) wieder auf sie zurück. vergl. Henri Le Fort: des Exécuteurs testamentaires, Genève 1878, S. 107, 138; eine kleine, wichtige, aber wenig bekannte Schrift.

f) Die modernen Theorieen der letztwilligen Vollmacht.

In neuerer Zeit wird von den Meisten[1] die Ansicht aufgestellt, daß die Testamentsexecution eine selbständige Art der letztwilligen Anordnung sei, mittelst deren der Testator eine Vollmacht zur Ausführung seines letzten Willens ertheile.

Im Einzelnen herrscht aber noch wenig Klarheit und Einigkeit.

Zunächst ist Streit darüber, wen der Executor vertritt. Hinschius erklärt, Jener nehme die Rechtsgeschäfte zur Constituirung und Vertheilung des Nachlasses mit direct für die Erben wirkender Kraft vor (Anwalt-Zeitung a. a. O. S. 765). Dernburg dagegen geht von der Ansicht aus, daß der Testamentsvollzieher den Nachlaß und in diesem wieder der Erblasser vertrete. Dennoch giebt er inconsequent den Nachlaßinteressenten keine Klage, sondern stellt den Testamentsvollzieher in ein quasikontraktliches Verhältniß zu den Erben. Mehr noch weichen die Ansichten der Rechtslehrer über die einzelnen Befugnisse des Testamentsvollziehers von einander ab, so daß noch Henri Le Fort sagen kann: „La doctrine n'est donc pas d'accord sur le principe à mettre à la base de l'institution des exécuteurs testamentaires.“

g) Die späteren Ansichten der gemeinrechtlichen und der Preußischen Praxis.

Bei diesem Standpunkt der Theorie darf es uns nicht Wunder nehmen, daß wir in den Ansichten der Praxis große Schwankungen finden.

Die spätere gemeinrechtliche Praxis geht öfter von der reinen Mandatstheorie aus, indem sie den Erben sogar ein Widerrufsrecht zuerkennt (Seuffert, Archiv B. 20 S. 230);

---

[1] Hinschius a. a. O. S. 764, Windscheid a. a. O. S. 109, Roth, Bairisches Civilrecht S. 799, Gerber, Privatrecht § 265 Anm. 7, Gruchot, Erbrecht S. 212, Henri Le Fort S. 118, Bluntschli, Privatrecht S. 566.

der Testamentsvollzieher wird als Mandatar und Stellvertreter der Erben bezeichnet (Seuffert, B. 6 S. 313). Hiermit stimmt überein, daß ein anderes Erkenntniß behauptet, daß dem Testamentsvollzieher das Recht einer selbständigen Vertretung des Nachlasses als eines von der Person des eingesetzten Erben unabhängig gedachten, den Erblasser repräsentierenden Subjects nicht zukomme (Seuffert, B. 10 S. 392). Dagegen spricht das bei Seuffert Band 12 S. 91 abgedruckte Erkenntniß aus, daß der Testamentsvollzieher den Nachlaß als solchen[1] verwalten solle, und ein anderes Erkenntniß weist die Mandatstheorie zurück und nennt den Testamentsvollzieher eine Mittelsperson, welche die Aufgabe habe, für die Realisirung der letztwilligen Dispositionen des Testators zu sorgen (Seuffert, B. 18 S. 137). Endlich wird an einer Stelle (Strippelmann, Entscheidungen B. 5 S. 286 ff.) klar ausgesprochen, daß der Testamentsexecutor weder mit einem Tutor noch mit einem Mandatar verglichen werden könne, daß seine Stellung vielmehr eine selbständige sei. Die Grundlage für seine Befugnisse bilde der letzte Wille.

Die spätere Preußische Praxis folgt entschiedener dem System der letztwilligen Vollmacht. Sie bezeichnet, wenn auch nicht immer mit klaren, durchsichtigen Ausdrücken, den Testamentsvollzieher als Vertreter des Nachlasses. Zunächst kommt hier das Erkenntniß bei Striethorst, B. 52 S. 124 in Betracht. Hier heißt es, daß es ein rechtsgrundsätzlicher Verstoß sein würde, den Testamentsvollzieher als Bevollmächtigten der Erben anzusehen. Wenn er aber auch ein vom Erblasser bestellter Bevollmächtigter sein möge, so vertrete er doch auch die Erben insofern, als er den diesen eigenthümlich gehörenden Nachlaß im Interesse oder im Namen der Erben, statt ihrer und in diesem Sinne für sie verwalte. Mit diesem vorsichtigen Ausdrucke wird zwar nicht gesagt, daß der Testamentsvollzieher im Interesse der Nachlaßinteressenten handle,

[1] Das Erkenntniß bei Seuffert B. 9 S. 245 führt aus, daß in Folge der Uebernahme der Testamentsexecution zwischen dem Testamentsvollzieher einerseits und den Nachlaßinteressenten andererseits ein dem Mandate gleiches Obligationsverhältniß entstehe.

jedoch eine Vertretung der Erben allein zurückgewiesen. Aehnlich spricht sich das bei Striethorst Bd. 8 S. 242 angeführte Erkenntniß aus: Ein Testamentsexecutor vertritt als Bevollmächtigter den Erblasser und nicht die Erben; es ist deshalb lediglich an des ersteren, nicht an der letzteren Willen gebunden. In einem anderen Erkenntniß (Striethorst Bd. 41 S. 18) wird Beseler's Theorie vertreten und betont, daß der Testamentsvollzieher nie an Stelle der Erben trete, sondern dieselben nur vertrete und immer nur fremde Rechte ausübe. Ferner heißt es in einem Erkenntniß: der Testamentsexekutor ist wirklich Bevollmächtigter des Erblassers, nicht des Erben, er verwaltet den Nachlaß nicht im Auftrage des Erben, sondern des Erblassers, und wenn er gleich den Nachlaß, da dieser dem Erben eigenthümlich gehört, im Interesse des Erben, statt seiner und in diesem Sinne für ihn verwaltet, so ist er doch keineswegs der Mandatar des Erben, der ihn bestellt hat, und dem er vielmehr als eine Beschränkung der Erbeseinsetzung und der Befugnisse eines Erben vom Erblasser bestellt worden ist (Obertribunal Bd. 48 S. 95 ff.).

h) Meine Theorie.

Die Testamentsvollziehung ist ein Institut, welches auf der germanischen Treue über den Tod hinaus ruht, die der Staat schützt und gesetzlich regelt. Der Testamentsvollzieher vertritt nicht den Erblasser, denn der ist todt, nicht die Erben, denn diese stehen neben ihm als Eigenthümer der Erbschaft. Mit Vertrags- und Stellvertretungstheorieen des Obligationsrechts kommen wir hier nicht weiter, denn wir haben ein „positives Institut“ [1] des Erbrechts vor uns. In Folge des durch die Rechtsgeschichte hervorgerufenen Gesetzes haben wir ein Rechtsinstitut, welches dem Testamentsvollstrecker das Recht und die Pflicht gibt, dem Erblasser die Treue über den Tod hinaus zu wahren, und zum Zweck der Vollziehung seines Willens den Nachlaß zu vertreten.

---

[1] Vergl. über diesen Begriff mein „negotium utiliter gestum“.

§ 3.

Der Standpunkt der heutigen gemeinrechtlichen und Preußischen Theorie im Allgemeinen, und die Stellung derselben zu meiner Theorie im Besonderen.

In der 1896 erschienenen, rein kritischen Schrift: „die Lehre von den Testamentsvollstreckern und der Entwurf des bü gerlichen Gesetzbuchs", habe ich den Entschluß angekündigt, ein, die positive Lehre wiedergebendes Buch der Kritik des Entwurfs nach dem Erscheinen des Gesetzes folgen zu lassen, und darin meine eigene Dogmatik weiter auszubauen. Ich führe diesen Vorsatz in dem vorliegenden Buche aus, indem ich mich bemühe, die rein theoretischen, nach langer und wiederholter Forschung in früheren Jugendjahren von mir gewonnenen und zu meiner Freude jetzt als meine Theorie im deutschen Recht anerkannten Constructionen auch für die Praxis zu verwerthen, damit der Testamentsvollstrecker in meinem Buche eine Auskunft findet, wie sie Werke über das Concursrecht dem Concursverwalter bieten. Denn die Testamentsexecution ist etwas Verwandtes wie die Concursverwaltung nach meiner Ansicht, sie ist eine privatrechtlich angeordnete und staatlich anerkannte Güterpflege für den Nachlaß, d. h. für ein bestimmtes Vermögen als solches. Der Vollstrecker hat aber, anders als der Concursverwalter, eine doppelte Stellung, indem er als germanischer Treuhänder, den Römische Construction nie begriffen hat, den Nachlaß vertritt, dann aber auch als Verwalter eines fremden Vermögens erscheint, weil der Nachlaß den Erben eigenthümlich gehört. —

Die kleine, von der Kritik und der Praxis freundlich aufgenommene Streitschrift von 1896 hatte den Zweck, das, was ich am Entwurf damals zu tadeln hatte, dem Reichstag vorzulegen. Dort ist die gesammte Lehre, wie überhaupt fast das ganze Gesetzbuch, ohne jede wissenschaftliche oder praktische nähere Prüfung angenommen worden, wie denn überhaupt dieser gesetzgebende Körper, verkennend daß es sich hier um Wichtigeres als um egoistische Interessensorgen der „Parteien" handelt, im Gebiete des Civilrechts sehr wenig Fruchtbares in seiner Allgemeinheit gefördert hat. So ist allerdings die Kritik insofern vergeblich für mich gewesen. —

Ich sehe jetzt von jeder Polemik ab, und gebe später das Rechtsverhältniß so, wie es aus den Normen des Gesetzbuchs erhellt. Dies läßt sich um so leichter durchführen, als, wie Eccius so treffend in seiner umgearbeiteten siebenten Auflage (Band IV S. 453) anführt, die Redactoren des Landrechts „das im Rechtsleben sehr wichtige und häufig gebrauchte, aber auch dem Mißbrauch durch die berufene Vertrauensperson in besonderem Maaße ausgesetzte Institut nur mit wenigen Strichen gezeichnet, und sich des Eingehens in das Detail und die Casuistik enthalten" haben, ich daher als Preußischer Schriftsteller gar nicht umhinkann, in den Streit der Meinungen einzutreten, während nach dem bürgerlichen Gesetzbuch das Material mit Recht umfangreich codificirt worden ist. Ich habe schon bei der Bearbeitung der negotiorum gestio nach dem neuen Recht betont: nicht das Wort ist das Recht, wir müssen das Recht anwenden, es lieben, damit dieses nicht rein historisch gewordene, sondern in großer Zeit geschaffene Recht ein deutsches Recht werde; noch mehr betone ich das für die Testamentsvollstreckung; darum hat jetzt die Kritik zu schweigen, und positive Hingabe an die Erforschung der neuen Normen hat an die Stelle zu treten. Wie Cosack in seinem Lehrbuche sehe ich später ab von Verweisungen auf Römisches, Deutsches, Preußisches Recht, sofern sie nicht ganz unbedingt zur Erklärung der neuen Normen geboten sind. Wen diese Normen theoretisch oder praktisch interessiren, findet sie hier in der Einleitung. — Die Denkschrift wie die Materialien sprechen eine bestimmte Theorie mit Recht nicht aus. So ist dieselbe also von der Wissenschaft aus den Normen zu finden, so ist herauszulesen, nicht aber hineinzulesen. Sie muß aufgesucht werden, weil ohne sie nur eine mechanische Rechtsauffassung übrig bliebe, die nicht nur keinen wissenschaftlichen Werth hätte, sondern bei der Casuistik der Praxis im Stich ließe.

So ist denn zu prüfen, ob meine Theorie auf das neue

Recht Anwendung findet. Neue Literatur finden wir annoch, abgesehen von den Quellen, wenig; mir erschien erheblich nur der vierte Band Eccius a. a. O., der auch das Reichsrecht berücksichtigt und auf modernstem Standpunkte steht. Ich habe in der citirten Kritik damals Seite 5 Eccius angreifen müssen, weil er noch von einer Vertretung der Erben sprach, und damals meine Analogie mit dem Konkursverwalter verwarf, und eine klare Construction vermißte (vergl. Fünfte Auflage Bd. 4 S. 439). Jetzt ist Eccius mit einer ganz geringen Abweichung, indem er seine gesammte Construction geändert hat, meiner Ansicht, die ich vor langer Zeit vertrat, beigetreten. Der Einfluß seines Werkes auf Wissenschaft und Praxis und auch auf die Stellung zum neuen Recht ist aber ein so gewaltiger, daß ich in der Einleitung mich mit diesem Autor auseinandersetzen muß.

Indem ich auch hier die Polemik von Eccius gegen Frühere weglasse, setze ich gleich an der Stelle ein, an welcher Eccius unter Citirung meiner Ansicht eine stellvertretende Thätigkeit des Testamentsvollstreckers für den verstorbenen Erblasser ablehnt; a. a. O. S. 456. Er meint, man komme auch nicht weiter, wenn man an die Stelle des Worts Erblasser den Ausdruck Nachlaß setze, und den Testamentsvollstrecker als Vertreter des Nachlasses bezeichne, es gleichzeitig aber als selbstverständlich ablehne, daß der durch den Willen des Erblassers als selbständige Gesammtheit zusammengehaltene Nachlaß als juristische Person aufgefaßt werden könne. Er übersieht nicht, daß ich auch in der Anlehnung an den Liquidator und den Concursverwalter die Erklärung des Instituts finde, das meiner Ansicht nach als Fortsetzung der rein germanischen Treuhänder einer Analogie der römischrechtlichen juristischen Person nicht bedarf, aber er sagt trotzdem: „Die Ausführungen Sturms, der Testamentsvollstrecker sei ein dem Liquidator und Concursverwalter ähnlicher, staatlich anerkannter Güterpfleger, kommen der unten vertretenen Auffassung nahe: nur daß Sturm in der Scheu vor dem Gedanken, die Möglichkeit einer juristischen Person anzunehmen, den Muth der eignen Meinung verliert.“ (S. 456 Anm. 19.)

Völlig übersehen ist dabei, daß ich eben das Institut nach meiner eigensten Aufstellung, die ich auch bei der negotiorum gestio verwendet habe, als „positives Institut" auffasse, das keiner Analogie mit einem Vertrage bedarf, sondern eben in Anlehnung an die germanischen Treuhänder positiv in das Erbrecht hinein gestellt worden ist, um dem Willen des Testators gemäß über den Tod hinaus eine besondere, auf der Treue, die über den Tod hinaus treu bleibt, ruhende Nachlaßvertretung neben und über den Erben zu schaffen. Ich habe mich nicht vor dem Gedanken einer juristischen Person gescheut, ich bedarf dieser gar nicht, und ich habe diese Consequenz nie gezogen.

Der Weg, auf dem Eccius neuerdings zur Aufnahme einer juristischen Persönlichkeit gelangt ist, ist folgender. Er meint die Consequenz seiner früheren Auffassung, daß der Testamentsvollstrecker ein dem Erben durch den Willen des Erblassers bestellter Vertreter sei, sei die, daß die Einsetzung des Testamentsvollstreckers nur insoweit wirksam sei, als der Erbe wirksam in der Verfügung über den Nachlaß beschränkt werden könne, nämlich zur Sicherung der Rechte solcher, denen im Testament Zuwendungen gemacht seien. Gegen diese Auffassung habe sich das Reichsgericht erklärt, indem es die darin liegende Begrenzung der Aufgabe des Testamentsvollstreckers als unrichtig ansehe. Dabei entziehe sich das Reichsgericht der Aufgabe, seinerseits das Verhältniß positiv zu construiren. Indem nun Eccius an der Begrenzung der Zulässigkeit der Testamentsvollstreckung festhält, geht er anderer Konsequenzen wegen jetzt von seiner Construktion ab. Er meint, nach seiner früheren Construction müßten die Rechtshandlungen des Vollstreckers den Erben nach Außen unmittelbar und schon während andauernder Testamentsvollstreckung verpflichten. Für eine solche Macht des Testamentsvollstreckers fehle die gesetzliche Grundlage; denn wie der Concursverwalter, den auch ich als Analogie wohl zuerst herangezogen habe, als ein von ihm verschiedenes Subject dem Gemeinschuldner gegenübertrete, so trete die Verwaltung des Testamentsvollstreckers als eine Verwaltung von Angelegenheiten des Erben, bei denen dessen Willenseinwirkung ausgeschlossen ist, und die zu dem Zweck, den der Erblasser verfolgt, selbständig vom Testamentsvollstrecker geführt werden soll, dem Erben wie ein gesondertes, selbständiges Rechtssubjekt gegenüber (S. 459 a. a. O.). Es liege etwas Wahres in Beselers Theorie, daß neben den Erben als materieller Rechtsnachfolger der Testamentsvollstrecker als ein formeller Repräsentant des Erblassers trete, nur dürfe man diesen nicht als fortlebend und wirklich noch nach seinem Tode vertreten denken. Ebenso liege etwas Wahres in der Theorie von Sturm, daß der Testamentsvollstrecker den Nachlaß vertrete; aber das sei nicht aus einer Personifikation des Nachlasses als hereditas jacens zu erklären, die nach angetretener Erbschaft dem römischen Recht zuwider, und die dem preußischen Recht überhaupt fremd sei. Demnach bleibe nur die eine Erklärung übrig: die Verwaltung werde als Rechtssubject mit einem besonderen Kreis von Activen und Passiven fingirt, sie sei eine eigenthümliche juristische Persönlichkeit. —

An dem gefundenen Resultate habe ich auszusetzen, daß es, in die Praxis übersetzt, uns keine Consequenzen gibt, und m. E. dem Treueverhältnisse nicht entspricht, aber auch nach meiner Auffassung mit dem Wesen der juristischen Person in Widerspruch steht. Denn die Anschauung, welche die universitas oder das zu verwaltende Vermögen selbst als ein Rechtssubject ansieht, und ihm die Rolle einer Person zuweist, ist auch nach Eccius nur eine gemeinrechtliche (B. IV S. 663), und für eine Korporation ist nach Preußischem Recht kein Raum (S. 665). Es ist ja auch eine natürliche Person da, welche Eigenthümerin des Nachlasses ist, der Erbe. —

Eccius hat nicht die Consequenz, einfach das hier zu erkennen, was ich „positives Institut" im Recht genannt habe, obwohl er klar das Wesen desselben mit den Worten ausspricht: das Gesetz will eine rechtswirksame Thätigkeit des Testamentsvollstreckers, die sich bis zu einer dauernden Verwaltung des ganzen Nachlasses erstrecken kann 2c. (S. 460). Aber m. E. „will" das Gesetz nicht eine Verwaltung, als ein vom Erben gesondertes Rechtssubjekt, sondern einen Verwalter, der unabhängig vom Erben die Vollstreckung des

Testaments nach dem Willen des Erblassers ausführt. Darin hat ja Eccius recht, und ich habe das genugsam betont, daß der Mensch mit seinem Tode aufhört, Rechtssubjekt zu sein, und daß der Vollstrecker den verstorbenen Erblasser nicht vertreten kann (S. 456), aber auch Eccius muß etwas Wahres in der Theorie erkennen, daß neben den Erben als materieller Rechtsnachfolger der Testamentsvollstrecker als ein formeller Repräsentant des Erblassers trete. Freilich darf man sich diesen im Recht nicht als fortlebend und wirklich noch in seinem Tode vertreten denken, obwohl dem Institut der Salmannen auch dieser Gedanke in einer Zeit zu Grunde lag, die Recht und Ethik wenig trennte, und obwohl christlich-deutsches Recht eben das Institut eher kennen konnte, als alt-Römisch-heidnisches Recht; es ist aber auch, wie Eccius wieder richtig hervorhebt, aus Beselers Theorie kein Princip für das Rechtsverhältniß des Testamentsvollstreckers an sich und in Beziehung auf den Erben gewonnen, höchstens ist eine Rechtfertigung gegeben, wie der Testator dazu kommt, eine solche Ernennung vorzunehmen (S. 455). Indessen die Hauptsache ist, daß Beseler den dem Römischen Recht fremden Inhalt letztwilliger Bestimmung in dem Institut erkannt hat; (vergl. Eccius Anm. 13 S. 455). Dieser fremde Inhalt ist nun nach meiner Theorie der: der Erblasser kann von einem Manne, der neben und über den Erben steht, Treue über den Tod hinaus erbitten, um seinen letzten Willen zu vollstrecken; nimmt der Ernannte dieses reine Treueverhältniß an, so gibt ihm der Staat Kraft positiven Instituts im Gesetz das Recht des Testamentsvollstreckers, und gibt ihm, da wir im Recht den Verstorbenen nicht beachten oder vertreten können, die Vertretung des Nachlasses; in seinem Innern mag sich der Vollstrecker als Vertreter des Verstorbenen fühlen und diesem Treue bewahren; nach außen kann das im Recht nicht zur Geltung kommen.

Die Einwendungen von Eccius gegen meine Theorie haben mich nicht überzeugt; ich personificire den Nachlaß gar nicht, ich spreche noch weniger bei diesem rein Deutschen, auf der

Salmannentreue ruhenden positiven Institut von einer hereditas jacens (S. 460).

Eccius schaut auch viel zu scharf in die Natur des Instituts hinein, um aus der „eigenthümlichen", unechten juristischen Person der Verwaltung Folgen zu ziehen. Er glaubt, meines Erachtens, durch seine Construction an der Begrenzung der Zulässigkeit der Testamentsvollstreckung festhalten zu können, die er gegen das Reichsgericht vertritt. Nach ihm soll von Testaments-Exekutoren nur in so weit die Rede sein, als der Wille des Erben durch die Bestimmung des Erblassers beschränkt sein soll und dadurch beschränkt sein kann (S. 454 Anm. 1). Die Angelegenheiten der Erben seien es, deren Rechtsangelegenheiten der Vollstrecker betreibe; er meint von mir wie von Dernburg, wir kämen „auf eine Stellvertretung des Todten hinaus, oder es seien leere Worte."[1] Allein er übersieht, daß es nur die Treue gegen den Todten ist, die das Deutsche Recht schützt; das interessante Institut ist eine Schöpfung Deutscher Pietät, es war zugleich eine Schöpfung Deutscher Religiosität, aber die Pietät allein genügt, es zu halten; auch der, für den der Todte todt ist, kann ihm rechtlich das Andenken und die Heilighaltung und darum Ausführung seines letzten Willens wahren. Ich vermag mich daher auch nicht der Polemik gegen das Reichsgericht (462 f.) anzuschließen, und verweise auf Seite 143 meiner Abhandlung in Iherings Jahrb. Bd. 20 S. 120, wonach der Testator auch rein persönlichen Wünschen und Interessen des Erblassers dienen muß, wenn z. B. eine Gemäldesammlung erhalten und dem Publicum geöffnet bleiben soll.

Das Reichsgericht, welches in dem Erkenntniß der vereinigten Civilsenate vom 13. Januar 1890 über die Rechtswirksamkeit von letztwillig in Verbindung mit einer Testamentsvollstreckung angeordneten Versorgungsbeschränkungen des Bedachten, an deren Aufrechterhaltung kein Dritter interessirt ist, nach Preußischem Landrecht entschieden hat, meint, der

[1] Die Treue kann ich einem Vernichteten wahren; einem für mich Lebenden im Innern erst recht.

Rechtsstellung des Vollstreckers würden zu enge Grenzen gegeben, wenn der Executor nicht mit der Aufgabe betraut werden dürfe, die Befolgung von letztwillig angeordneten Verfügungsbeschränkungen des Erblassers lediglich in dessen eigenem Interesse zu überwachen. Wenn das Reichsgericht nun auch alle modernen Ansichten, darunter auch meine (S. 246 Bd. 25), würdigt, so nimmt es doch natürlich nicht in dem ganzen Umfange zur Controverse Stellung, wie das Institut zu konstruiren sei. Es sagt: „daß der Testamentsvollstrecker (nach Landrecht) wie seine Machtstellung überhaupt so auch seine Machtbefugnisse dem Erben gegenüber durch den Auftrag des Erblassers empfängt, und daß er, wenn ihm neben der Vollziehung des Testaments die Verwaltung des Nachlasses ganz oder zum Theil aufgetragen worden ist, auch dem widerstrebenden Erben gegenüber auf die Ausführung des letzten Willens des Erblassers zu dringen so berechtigt wie verpflichtet ist. Wie man dies theoretisch erklären will ... kann unerörtert bleiben. Entscheidend ist, daß der Testamentsvollstrecker vom Erblasser beauftragt werden kann, seinen letzten Willen auch gegen den Willen des Erben zur Ausführung zu bringen, und daraus ergibt sich, daß die Ansicht des IV. Civilsenats: der Testamentsvollstrecker sei Vertreter des Erben zur Sicherung der Ausführung des letzten Willens, gegen dritte Personen, aus den Vorschriften des Allgemeinen Landrechts nicht gerechtfertigt werden kann, da diese eine derartige Begrenzung der Aufgabe des Testamentsvollstreckers nicht enthalten." Ich gehe weiter: auch wenn nicht nur kein Dritter Interesse hat, auch bei rein persönlichen Wünschen des Todten kann die Aufrechterhaltung der Treue nach Landrecht gefordert werden. Die Verfügungsbeschränkungen der Erben durch den Vollstrecker ist m. E. dann aus „objektiven Rechtsgründen unzulässig und darum rechtsungültig" (Reichsgericht a. a. O. S. 298), wenn der Begriff des Erben, der doch ernannt ist, durch die Vollstreckung ganz wegfiele, denn man kann nicht zugleich etwas wollen und etwas nicht wollen; das ist die Grenze; gleichgiltig ist es aber m. E., ob die Beschränkung durch den Erblasser wie eine „Art gewillkürter Vormundschaft“ aussieht (vergl. Eccius a. a. O. S. 462); will man das nicht, so muß man eben das Institut streichen, und sagen: die moderne Welt begnügt sich damit, daß materiell der Erbe den Willen des Testators erfüllt; wir haben kein Interesse als Nachwelt daran, daß daneben Jemand in Treue den Willen des Todten vollstreckt, denn wer todt ist, hat nicht mehr mit zu reden. Dann darf und wird der Erblasser Niemandem seinen Willen mehr anvertrauen, denn, wie Eccius trotz seiner Theorie sehr richtig sagt: „Die Testamentsvollstreckung beruht auf dem Vertrauen des Erblassers zu der Person des Vollstreckers.“ Sie ist ein Treueverhältniß über den Tod hinaus, und im Recht darum weder ein Vertrag, noch eine Stellvertretung einer lebenden Person, sondern eben ein positives Institut, welches staatlich dieses germanische Treueverhältniß anerkennt. Bei den rein persönlichen Wünschen und Interessen des Erblassers ist es allein die Treue, welche den Executor und den Erben bindet; der Verwalter erfüllt sie ohne und gegen den Erben, aber der Erbe kann auch den untreuen Verwalter zwingen, sie zu erfüllen; der übereinstimmende Wille aller Erben und Interessenten würde hier der Thätigkeit des Vollstreckers nicht ein Ende machen. Anders liegt ja die Sache, wenn diejenigen, deren erbrechtliche Rechtsverhältnisse durch den Vollstrecker zur Ausführung gebracht werden sollen, faktisch für die Thätigkeit des Letzteren keinen Raum lassen. Müller und Schulze sind Erben, Meier soll als Vollstrecker theilen. Wenn damit gemeint ist, daß, wenn sich Müller und Schulze nicht einigen können, Meier der Theiler sein soll, so fällt bei Einigung jener Beiden Meiers Thätigkeit fort. Es kann aber sehr wohl sein, daß Meier unbedingt theilen soll, und dann bleibt er Verwalter (anders Eccius S. 471 Anm. 76). Müller ist zum Erben eingesetzt, Schulze hat ein Legat zu bekommen, Fischern soll der Nachlaß nach 10 Jahren fideikommissarisch restituirt werden, Meier soll als Exekutor Legat und Fideikommiß ausführen, und bis zum Eintritt des Fideikommisses den Nachlaß verwalten. Wenn Schulze und Fischer auf jede Sicherheit verzichten, und der

Verwalter eben nur dazu, zu ihrer Sicherheit, bestellt ist, dann kann natürlich sein Amt als erledigt wegfallen. Dagegen ist die Zustimmung des Vollstreckers und der Betheiligten, die Vollstreckung aufzuheben, ohne Weiteres keine Erledigung, sondern unter Umständen eine grobe, germanischer Ansicht widersprechende *Untreue*. Uebrigens werden Vollstrecker letztwilliger Verfügungen im *Strafrecht*, wenn sie absichtlich zum Nachtheile der ihrer Aufsicht anvertrauten Personen und Sachen handeln oder unterlassen, nach § 266 St.G.B. wegen *Untreue* bestraft; wenn auch unser Fall kriminell kontrovers liegt, so erkennt das Strafgesetz doch die Verpflichtung des Vollstreckers, dem *Erblasser Treue* zu wahren, an, denn „*anvertraut*" hat hier keine lebende Person, wie beim Vormund, Massenverwalter, sondern der letzte Wille eines *Todten*, der der Treue einst *vertraute*.

Wenn Eccius meint, meine Ausführungen, der Testamentsvollstrecker sei ein dem Liquidator oder Concursverwalter ähnlicher, staatlich anerkannter Güterpfleger, kämen seiner Auffassung nahe (S. 456 Anm. 19), so ist dagegen zu sagen, daß ich Seite 111 nur einen *leisen Vergleich* mit der *Concursverwaltung* gezogen habe, indem hier wie dort dem Eigenthümer die Verfügung entzogen ist; im Uebrigen habe ich S. 112 jede Aehnlichkeit der beiden Institute *abgelehnt*; es handelt sich bei der Testamentsvollstreckung nicht nur um Angelegenheiten der *Erben*, sondern um den Willen des *Verstorbenen*, und darum ist die Entziehung des Willens des Gemeinschuldners für die Gläubiger in Bezug auf die Masse keine Parallele. Die Verwaltung des Vollstreckers ist nicht, wie beim Concurs, ein gesondertes selbständiges Rechtssubject, sondern *nur der Wille des Erblassers* hält den Nachlaß als eine besondere, vom sonstigen Vermögen des Erben getrennte *selbständige Gesammtheit* zusammen.

Eccius geht, ganz consequent, indem er immer betont, daß der Vollstrecker nur für die Erben handle, auch jetzt noch im letzten Grunde von der Stellvertretung der *Erben* aus (S. 456), wenn er auch äußerlich, unter Festhaltung der Begrenzung, von der Construction abgeht (S. 457). Das nach ihm von den Erben gesonderte Rechtssubject, der Kreis von Aktiven und Passiven, bleibt trotz der juristischen Person bei ihm eben die Stellung der Erben, die vertreten wird; darum kann nach ihm der übereinstimmende Wille der Erben das Amt des Vollstreckers beenden (S. 441); ein Satz, der in dieser Allgemeinheit entschieden falsch ist.

§ 4.

Rückblick.

Die neuere Wissenschaft und Praxis billigt ganz entschieden die von mir aufgestellte Theorie der eigenthümlichen, auf dem Charakter des positiven Instituts ruhenden Nachlaßvertretung. Da, wie wir sehen werden, in historischem Zusammenhange das neue Gesetzbuch diese Theorie aufgenommen hat, so werde ich die ganze Lehre einheitlich durchführen können, indem ich wenig an Früherem ändere, und bei der Behandlung des künftigen Rechts auf meinen Forschungen weiter baue.

Nur in einem ist ein Unterschied zwischen jetzt und künftig. Bei den ungeheueren Schwierigkeiten, welche dieses Institut bereitet, hatten die Forscher im gemeinen und Preußischen Recht mit der Consequenz zu kämpfen, daß die Erben im Grundbuch als Eigenthümer eingetragen werden konnten, während hier die Stellung des T. sehr kritisch war, und daß im Prozeß in Folge des Eigenthums und der Legitimation der Erben wieder die Vollstreckbarkeit dem T. große Schwierigkeiten bereiten mußte. In weiser Erkenntniß hat das Gesetzbuch die Controversen des Grundbuchrechts und des Prozeßrechts hier geregelt, und klar und richtig entschieden.

§ 5.

Disposition und Methode der dogmatischen Darstellung.

Da sich ergibt, daß die Stellung des Testamentsvollziehers eine doppelte[1] ist, indem er einmal wie ein durch den letzten

[1] Treffend bemerkt Windscheid, daß der Testamentsvollzieher auf

Willen berufener Güterpfleger den Nachlaß vertritt und die Interessen aller Nachlaßinteressenten wahrnimmt, dann aber auch als Verwalter eines fremden Vermögens erscheint, weil der Nachlaß den Erben eigenthümlich gehört, haben wir die Stellung desselben in dieser zweifachen Beziehung zu betrachten. Hierdurch erreichen wir zugleich, daß wir bei der Betrachtung des Executors als Nachlaßvertreter die allgemeinen Befugnisse finden, kraft deren er auch den Erben beschränkt, daß wir aber dann, wenn wir ihn als Verwalter eines fremden Vermögens betrachten und seine Macht über dieses Vermögen neben der Macht des Eigenthümers desselben abwägen, bei den einzelnen Befugnissen auch wiederum die Schranken finden, die ihm der Erbe oder Dritte setzen. Auf diese Weise dürfte seine Stellung gekennzeichnet und sein Geschäftskreis hinlänglich abgegrenzt werden.

Bei der Construction soll vor allem jedes Operiren mit Fictionen, z. B. mit Quasicontracten, als unfruchtbar vermieden werden. Ebenso wird die Analogie nur insofern zu benutzen sein, als dem analogen Institut dieselbe ratio zu Grunde liegt. Demnach wird die noch vorherrschende Verwendung des Mandats wie der Vormundschaft gänzlich bei Seite zu lassen sein.

§ 6.

Die Stellung des Testamentsexecutors im Allgemeinen.

Der Testamentsexecutor, ein letztwillig Bevollmächtigter.

Die Testamentsexecution ist ein besonders erbrechtliches Institut, und beruht auf einer durch den letzten Willen eines Menschen begründeten und durch das objective Recht geschützten Vollmacht für eine oder mehrere Per-

---

der einen Seite über den Nachlaß eine gewisse Macht habe, welche von den Erben anerkannt werden müsse, daß er auf der andern Seite aber zu den Erben in einem Verpflichtungsverhältniß stehe.

sonen, welche dieselbe befugt, Rechtsgeschäfte vorzunehmen, die zur Ausführung des letzten Willens nöthig sind.

Da es sich hier um einen einseitigen, erbrechtlichen Willen, nicht aber um ein Vertragsverhältniß handelt, so ist unter „Vollmacht" auch nicht eine Summe von Befugnissen zu verstehen, die sich auf einen Vollmachtsvertrag stützen. Der Ausdruck sagt nichts anderes, als daß der letzte Wille der Wille eines Vollmachtgebers ist, welcher wünscht, daß die Handlungen des Testamentsvollziehers Dritten gegenüber dieselbe rechtliche Wirkung haben sollen, als hätte er sie selbst vorgenommen. Diesen letzten Willen schützt der Staat, falls der Dritte die Stellung übernimmt. Hier zeigt sich nun sofort der Unterschied zwischen diesem Geschäfte von Todeswegen und einem Vertrage unter Lebenden. Während hier die Handlung des Beauftragten rechtlich für den Machtgeber Dritten gegenüber wirkt, ist dies dort nicht möglich, weil der Machtgeber fehlt; es bleibt daher nur eine gewisse feste, von dem Willen der Erben unabhängige rechtliche Stellung. Diese schützt allein das objective Recht, weil es den Willen des Einzelnen auch über die Lebensgrenze der Individuen hinaus wirken lassen will, damit, wie sich Unger (Oesterr. Erbrecht, Einleitung) ausdrückt, „der Tod wie über die Welt des Geistes überhaupt, so über den Organismus des Rechts keine Macht habe."

Die Testamentsexecution erscheint mithin als eine privatrechtlich angeordnete und staatlich anerkannte Güterpflege für den Nachlaß, das heißt, als eine Fürsorge nicht sowohl für die Vermögensangelegenheiten einer bestimmten Person, als vielmehr für ein bestimmtes Vermögen als solches. Hierin ist zugleich zweierlei ausgesprochen: einmal enthält sie eine Erweiterung der Testirfreiheit, weil nach Römischem Rechte diese Fürsorge vom Rechte des Erben nicht getrennt werden konnte, dann enthält sie in allen Fällen eine Beschränkung des Erben. In letzterer Beziehung ist sie passend mit den Instituten der Concursverwaltung und der Liquidation zu vergleichen. Alle drei haben das eine gemein, daß Befugnisse über ein Vermögen, obwohl ein handlungsfähiger[1] Eigenthümer desselben vorhanden ist, diesem entzogen und auf einen Andern übertragen werden, weil der Eigenthümer nicht dazu geeignet erscheint, die Rechte Anderer an seinem Vermögen zu wahren. Abgesehen von diesem einen Punkte liegt aber den Instituten eine gemeinsame ratio nicht zu Grunde. Insbesondere entscheidet sich die Frage, wie weit die Befugnisse dem Eigenthümer entzogen werden, bei jedem einzelnen Institute nach seinem besonderen Zwecke. Bei der Concursverwaltung überträgt der Staat im Interesse der in eine communio incidens gerathenen Concursgläubiger dem Verwalter die weitgehendsten Befugnisse, und regelt dessen Stellung genau bis in's Kleinste. Bei der Testamentsexecution überläßt er, wenigstens principiell, Alles der Anordnung des letzten Willens, weil hier ein weitergehendes öffentliches Interesse fehlt. Daraus folgt, daß die einzelnen Regeln des einen Instituts nicht auf das andere anzuwenden sind, und daß man sich mit dem Hinweis auf eine gewisse Aehnlichkeit zwischen beiden begnügen muß. — Dieselbe Auffassung muß auch für das Gebiet des Preußischen Landrechts festgehalten werden. Der § 557, I, 12 des allgemeinen Landrechts, welcher lautet:

„Hat der Erblasser Jemandem die Vollziehung seines letzten Willens aufgetragen, so ist derselbe als ein Bevollmächtigter des Erblassers, und die letztwillige Verordnung selbst als seine Vollmacht und Instruktion anzusehen (Titel 13 Abschnitt 1).“[2]

spricht es klar aus, daß der Executor ein letztwillig Bevollmächtigter des Erblassers ist; diese Bestimmung und die Stellung des Instituts im zwölften Titel bezeugen, daß die Testamentsexecutorie auch vom Landrecht als ein eigenthümliches

---

[1] Die Vormundschaft bildet schon aus dem Grunde keine Vergleichungspunkte, weil hier der Eigenthümer nicht handlungsfähig ist, es liegt bei ihr keine Beschränkung, sondern eine Erweiterung seiner Befugnisse vor.

[2] Vergl. den Commentar von Koch zu diesem §. (Sechste Ausgabe; 2. Band S. 110 ff.)

erbrechtliches Institut betrachtet wird [1]. Von einem Contractsverhältniß zwischen dem Executor und den Erben ist keine Rede, dagegen spricht schon der § 560 I 12, welcher die selbständige Stellung des Testamentsvollziehers betont:

„So wenig aber, als der Erbe selbst etwas gegen den Willen des Erblassers verfügen kann, so wenig ist der Vollzieher befugt, in solche Verfügungen des Erben zu willigen."

Es ist aber auch nicht an einen Vertrag zwischen dem Erblasser und dem Vollzieher zu denken. Die Verweisung auf Titel 13 Abschnitt 1, wo von Vollmachtsaufträgen die Rede ist, darf uns nicht beirren. Nur soweit der *einseitige* Wille des Vollmachtgebers in Betracht kommt (§ 5 I. 13 A.L.R.), hat die Verweisung einen Sinn. Dritten gegenüber gilt auch nach Landrecht der Satz, daß, *weil der Machtgeber fehlt*, nur eine gewisse feste Stellung des Vollziehers den Nachlaßinteressenten gegenüber bestehen bleibt, die im Schutze des objectiven Rechts allein ihren Grund hat. Während aber im gemeinen Recht diesen Grund die *Rechtsgewohnheit* bildet, schützt den Vollzieher im Preußischen Recht das *Gesetz*.

Im Einzelnen finden sich zwar in beiden Rechtssystemen mehrfache Abweichungen, doch sind dieselben nicht derart, um bei der principiell gleichen Grundlage eine getrennte Behandlung beider Rechte zu veranlassen.

§ 7.

Entstehungsarten und Charakteristik der letztwilligen Vollmacht.

Da die Anordnung einer Testamentsexecution eine letztwillige Verfügung enthält, so kann dieselbe nur in den Formen derartiger Verfügungen geschehen. Diese Formen sind nach beiden Rechten das Testament, das Codicill und der Erbvertrag. Die letztere Form ist indeß von den beiden zuerst genannten so verschieden, daß sich eine abgesonderte Behandlung derselben rechtfertigt (vergl. § 29, Anhang II).

[1] Vergl. *Hinschius* in der Pr. Anw.-Zeitung a. a. O. S. 767.

Eine durch das Gesetz unmittelbar begründete Testamentsexecution ist beiden Rechten unbekannt (vergl. Koch, Erbrecht S. 341 und Förster, Pr. Privatrecht B. 4 S. 181).

Nichts destoweniger wird behauptet, daß auch der Vertrag unter Lebenden einen Entstehungsgrund bilden könne. Dies ist ein Irrthum! Daß nach gemeinem Recht durch Vertrag vom Testator [1] keine Testamentsexecution begründet werden könne, weil sich das beiderseitige Kündigungsrecht mit ihr nicht verträgt, ist früher gezeigt worden. Nach dem Preußischen Landrecht muß aus gleichen Gründen dasselbe gelten; eine ausdrückliche Bestimmung hierüber fehlt, doch genügt es, daß für die Bestellung des Vollziehers eine „letztwillige Verordnung" verlangt wird, um die Nothwendigkeit der Form des letzten Willens zu begründen. Mit dieser Ansicht steht freilich ein Rescript vom 19. Mai 1804 (ad 1 und 3) [2] in directem Widerspruch, welches behauptet, daß es zur Ernennung eines Testamentsvollziehers hinreichend sei, wenn dieselbe durch eine Erklärung unter Lebenden oder durch eine letztwillige Verordnung, ohne jede Feierlichkeit aber in der Art erfolge, daß die Gewißheit der Willensmeinung des Ernennenden hinlänglich constire. Gruchot (Erbrecht II S. 214) und Koch (Erbrecht S. 343) nehmen, dem Rescripte folgend, die Gültigkeit dieser Bestellungsweise aus dem Grunde an, weil das Landrecht keine ausdrückliche Form fordere. Diese Ansicht ist aber aus den oben angeführten Gründen zu verwerfen.

Die letztwillige Vollmacht charakterisirt sich nun als solche dadurch, daß sie bis zum Tode widerruflich ist und von dem, an den sie ergeht, nicht angenommen zu werden braucht. Ist sie angenommen, so geht der Staat auf die Intentionen des Erblassers insoweit ein, als er ein der Güterpflege ähnliches Institut anerkennt, indem er einmal dem Vollzieher das Recht gibt, den letzten Willen selbständig aus-

[1] Ein von den Erben bevollmächtigter Testamentsvollzieher ist nach beiden Rechten ein einfacher Mandatar.

[2] Vergl. Rabe, Sammlung Preußischer Gesetze und Verordnungen, Band 8 S. 60 f.

zuführen, ihm aber auch die Pflicht auferlegt, seine Geschäfte zu erledigen.

Diese höchst charakteristischen Sätze sind in beiden Rechten anerkannt. [1]

Die hierher gehörende Frage, ob durch einen Vertrag unter Lebenden der Charakter des Instituts geändert werden kann, ist sowohl nach Gemeinem wie nach Preußischem Rechte zu verneinen. Die Erben sind an einen solchen neben der formgerechten Einsetzung herlaufenden Vertrag des Executors mit dem Erblasser nicht gebunden, weil sie kündigen können, aber auch der Executor ist nicht gebunden, weil ihm ebenfalls das Kündigungsrecht zusteht. Es bliebe daher nur, wenn die Erben die Testamentsexecution nicht als Beschränkung sondern als Geschäftserleichterung auffassen, eine Pflicht des Executors zum Schadensersatz, die sich praktisch kaum realisiren ließe. Höchstens könnte der Testator dadurch auf ihn einwirken, daß er ihm ein Legat aussetzte; dies würde bei etwaiger Weigerung des Executors verloren gehen. Allein das Institut ruht auf einem Treue-Verhältniß, bei welchem materielle Vortheile als unwesentlich erscheinen.

Da die Vollmacht ein Theil des Testaments ist, muß für den Erblasser nach beiden Rechten Testirfähigkeit verlangt werden. Für den Vollzieher hingegen, der kein Erbe, sondern nur ein Willensorgan des Erblassers ist, ist nichts weiter nöthig, als daß er im Augenblick der Annahme sich rechtsgültig verpflichten kann. Selbstverständlich können Frauen zu Testamentsvollziehern ernannt werden. Das Rescript vom 19. Mai 1804 (Rabe a. a. O. S. 61) enthält eine irrige auf der Analogie der Tutel ruhende Ansicht, die früher auch das gemeine Recht theilte. Ehefrauen bedürfen nach Preußischem Rechte der ehemännlichen Genehmigung. Hieran ist auch durch das deutsche Reichsrecht nichts geändert.

[1] Förster wollte den Vollstrecker für berechtigt erachten, noch vor Beendigung der Geschäfte zurück zu treten. Vergl. dagegen Koch, Erbrecht S. 379, Beseler in der Zeitschrift a. a. O. S. 196 und die daselbst Anm. 102a citirten Particularrechte und Autoren, sowie das Erkenntniß bei Striethorst B. 52 S. 125, 126.

§ 8.

Objective Grenzen der letztwilligen Vollmacht: Die Beschränkung des Willens des Vollmachtgebers und der Befugnisse des Vollziehers durch die allgemeinen Rechtssätze.

Der letzte Wille des Vollmachtgebers wird, wie der Vertragswille, durch allgemeine Rechtssätze eingeschränkt, die Schranken gehen aber bei ihm weiter als bei jenem, da hier noch die erbrechtlichen Grenzen hinzukommen.

Zunächst darf der letzte Wille sowenig wie der Vertragswille gegen das öffentliche Recht verstoßen. Daher können dem Vollzieher nicht mehr wie früher zugleich ohne Weiteres vormundschaftliche Befugnisse zugelegt werden. Die Rechte des Mündels werden nach beiden Rechten von dem obrigkeitlich bestellten Vormunde wahrgenommen, und der Vormundschaftsbehörde gegenüber ist die Stellung des Vollziehers keine selbständige[1].

Ferner muß sich der letzte Wille, wie der Vertragswille, speciell ausdrücken, wo die Gesetze Specialvollmacht verlangen. Hiermit ist aber nicht gesagt, daß die §§ 100 ff. I 13 A.L.R. in Folge der Verweisung in § 557 I 12 auf die Testamentsexecution anwendbar sind. Die Ernennung eines Vollziehers ist nicht mit der Ertheilung einer Generalvollmacht zu vergleichen, welche einen unbeschränkten Kreis von Geschäften umfaßt, es wird in jedem einzelnen Falle durch die Bestimmungen des Testaments angegeben, wozu der Testator speciell den Executor bevollmächtigen will. Ich bin daher mit Hinschius[2] der Ansicht, daß in keinem Falle für den Vollzieher eine ausdrückliche Specialvollmacht nöthig ist; das Testament ist seine „Instruction“; verlangt die Vollziehung des Testaments die §§ 100 ff. I 13 bezeichneten Handlungen, so legitimirt ihn die Testamentsurkunde zur Vornahme

[1] Vergl. Anhang § 157 zu § 421 II. 18 A.L.R. und Seufferts Archiv B. 9 S. 245, sowie die Entscheidungen des Obertribunals B. 13 S. 380.

[2] Anwalt-Zeitung a. a. O. S. 799 f.

derselben. Freilich muß zugestanden werden, daß sich diese Ansicht nur weniger Vertreter erfreut.

Interessanter sind die Schranken, welche das Erbrecht dem Erblasser und mit ihm seinem Willensorgan setzt. Zunächst kann dem Vollzieher nicht mehr die Macht gegeben werden, den ganzen Nachlaß heredis loco nach bestem Ermessen zu verwenden [1]. Ebensowenig kann ihm nach beiden Rechten die Befugniß ertheilt werden, willkürlich einen Erben oder Legatar zu ernennen (vergl. § 49 I 12 A.L.R. und l. 32 D. 28, 5). Wohl aber kann eine letztwillige Verfügung in das boni viri arbitrium desselben gelegt werden (Dernburg, Lehrbuch B. III S. 334).

Eine Verschiedenheit beider Rechte zeigt sich bei der vom Willen des Testators unabhängigen Entkräftung der Vollmacht. Wenn nach gemeinem Rechte der eingesetzte Erbe nicht Erbe werden kann oder will und die letztwillige Verfügung auch nicht durch die Codicillarklausel aufrecht erhalten wird, so erweist sich die Vollmacht des Vollziehers als ebenso hinfällig, als wenn sie in einem ungültigen Testament ertheilt wäre, und er hat für seine bisherigen Handlungen nur als negotiorum gestor Ansprüche [2]. Da ferner die Ernennung des Vollziehers mit der Erbeseinsetzung im engsten Zusammenhang steht, kann derselbe nicht eher seine Thätigkeit beginnen, als bis der Erbe angetreten hat; bis zum Willensentschluß des Erben ist nur eine cura des Nachlasses möglich [3]. Im Preußischen Rechte dagegen gibt es keine hereditas jacens. Der Erwerb der Erbschaft tritt mit dem Tode des Erblassers von selbst ein (§ 367 I. 9 A.L.R.). Mithin wird auch der Vollzieher sofort mit dem Tode des Machtgebers als solcher thätig. Ferner enthält jedes Preußische Testament die clausula codicillaris in sich (l. 12 § 277—279 A.L.R.); die Befugnisse des Testaments-

[1] Vangerow, Pandekten II S. 103 f. sieht mit Recht in dem Versuche, cap. 13 X de testam. 3, 26 aufrecht zu erhalten, eine Erschütterung des gesammten testamentarischen Erbrechts.

[2] Mühlenbruch a. a. O. S. 440 Anm. 45.

[3] Vergl. l. 8 D. XLII 4 und die Frankfurter Reformation, Theil IV, Titel XI sub 4.

vollziehers sind demnach mit der Destitution des Testaments keineswegs beendet.

Weitere objective Grenzen für den Willen des Testators und die Macht seines Vollziehers ergeben sich aus der Stellung der Gläubiger, der Notherben und vor allem der Erben selbst. Diese lassen sich indeß besser bei der Betrachtung der einzelnen Befugnisse des Vollziehers erörtern.

§ 9.

Subjective Begrenzung der letztwilligen Vollmacht durch den Willen des Testators.

Innerhalb der Schranken des objectiven Rechts ist dem subjectiven Belieben des Erblassers der weiteste Spielraum gelassen. Er kann z. B. dem Executor auch nur ein einzelnes Geschäft auftragen (executio particularis). Hierdurch erhält der Vollzieher eine besondere Stellung, welche eine abgesonderte Darstellung rechtfertigt (vergl. § 27 Anhang I). Ferner kann dem Bevollmächtigten die Ausführung eines Geschäftszweigs der Willensvollziehung überlassen werden, z. B. Theilung, Regulirung, Inventarisirung des Nachlasses. Endlich kann ihm der Testator die Vollziehung des ganzen letzten Willens übertragen. Das kann einmal durch Aufzählung aller einzelnen Handlungen geschehen, dieselbe Wirkung kann aber auch, und das ist der Normalfall, durch Hinzufügung einer allgemeinen Clausel erreicht werden; so wird häufig am Schlusse des Testaments nur gesagt:

„Zum Vollzieher meines letzten Willens ernenne ich den N.N.“

Hierdurch wird der Testamentsvollzieher zur Vornahme aller Handlungen bevollmächtigt, welche immer zur Vollziehung des letzten Willens nöthig sind. Da es hierbei im einzelnen Falle auf den jeweiligen Inhalt des Testaments ankommt, scheint die Auffindung einer stets gültigen Formel für die allgemeinen Befugnisse des Vollziehers nicht möglich zu sein. Allein wir finden dieselbe in dem Anhangs-§ 157 zu § 421 II. 18 des Allgemeinen Landrechts. Daselbst heißt es: „Die

Ausmittelung, Constituirung und Verwaltung des Nachlasses gehört zu dem Amte und der Competenz des Executors." Und in der That ist zur Vollziehung eines jeden letzten Willens die Ausmittelung, Constituirung und Verwaltung des Nachlasses nöthig, denn jeder letzte Wille beabsichtigt die Vertheilung seines Nachlasses, diese Theilung ist aber ohne die genannten Geschäfts-Kategorieen nicht möglich[1]. Im Anschlusse an diese zunächst mehr ökonomischen Begriffe lassen sich die Befugnisse des Vollziehers als Vertreter des Nachlasses entwickeln. Wir werden dabei, wie überhaupt in der folgenden Darstellung, immer von dem Normalfalle ausgehen, daß ein Testamentsvollzieher schlechthin ohne die besondere Aufzählung seiner Befugnisse ernannt ist.

§ 10.

II. Stellung und Befugnisse des Testamentsexecutors als Vertreter des Nachlasses.

Die Nachlaßvertretung im allgemeinen.

Die vielverbreitete Ansicht, daß der Testamentsvollzieher zwar seinen Auftrag vom Erblasser habe, aber das ihm anvertraute Geschäft im Namen der Erben und als deren Stellvertreter besorge[2], ist von Dernburg meines Erachtens mit bestem Erfolge bekämpft worden. Derselbe sagt: „So sehr sich diese Theorie dem logischen Sinne empfehlen mag, ist sie doch dem Wesen des Instituts nicht entsprechend. Die Consequenz wäre die, daß der Testamentsexecutor den Erben durch seine Thätigkeit direct und persönlich verbinden würde. Hiergegen könnte sich der Erbe nicht durch den Vorbehalt des In-

[1] Vergl. Hinschius in der Anwalt-Zeitung a. a. O. S. 788 und das citirte Erkenntniß des Reichsgerichts vom 27. November 1879, welches sagt, daß nach dem Zwecke des Instituts und nach dem Gesetze der Vollzieher zur Constituirung, Verwaltung und Theilung der Nachlaßmasse befugt sei.

[2] Vergl. Hinschius, Anwalt-Zeitung a. a. O. S. 764, Gerber, Privatrecht S. 727, Unger a. a. O. S. 12, Randa a. a. O. S. 72 ff., Gruchot a. a. O. S. 213.

ventars schützen, da ihm derselbe nur bei Nachlaßschulden, nicht bei eignen zu Gute kommt. Was ferner der Testamentsexecutor etwa erwerben würde, gehörte nicht zum Nachlaß, sondern zum persönlichen Erwerb des Erben, was im Fall von Separationen oder Concurs über den Nachlaß in das Gewicht fallen würde" (Dernburg, Lehrbuch B. 3 S. 451). Ich bin daher mit Dernburg der Meinung, daß der Vollzieher innerhalb der Grenzen seiner Vollmacht den Nachlaß vertritt. Dazu bedarf es aber nicht, wie Dernburg meint, der Fiction, daß der Erblasser im Nachlaß temporär fortexistire. Durch den Willen des Testators und den Schutz des objectiven Rechts wird der Nachlaß auch nach dem Erwerbe durch den Erben als eine besondere, vom sonstigen Vermögen des Erben getrennte „selbständige Gesammtheit" zusammengehalten, trotz des Rechtssatzes, daß der Erbe bereits Eigenthümer und Inhaber des „Inbegriffs der Erbschaft" geworden ist. Die Möglichkeit dieser Construction entspringt einer Modification der Römischen Confusionsidee, der wir auch bei den Bestimmungen über die Rechtswohlthat des Inventars, beim Nachlaß-Concurs, bei der Nachlaßkuratel und im Landrecht beim Anfall der Erbschaft an Miterben begegnen. Für die Berechtigung des Ausdrucks „Vertreter des Nachlasses" habe ich zudem in dem Entwurfe zur Reichsconcursordnung S. 1561 eine Unterstützung gefunden, woselbst die Erben als die rechtlichen Repräsentanten des Erblassers, die Testamentsexecutoren aber als die zur Vertretung des Nachlasses befugten Personen bezeichnet werden. Selbstverständlich ist der Nachlaß, wenn er ein selbständiges Vermögensganze ist, deßhalb keine juristische Person (Entwurf zur Concurs-O. S. 1559). Der Ausdruck „Vertreter der Nachlaßinteressenten" wäre falsch, weil der Vollzieher auch persönliche Wünsche des Erblassers mit Hilfe des von ihm vertretenen Nachlasses in's Werk setzt, hinter denen keine Interessenten stehen.

In dem citirten Erkenntniß des Reichsgerichts vom 27. Nov. 1879 (vergl. § 12 am Schluß) heißt es, der Testamentsvollzieher vertrete den Willen des Testators. Dies kann, da dieser Wille nicht existirt, doch nur soviel heißen, daß der Vollzieher vom Staate geschützt werde, wenn er dem letzten Willen des Verstorbenen gemäß handelt. Von einer Vertretung kann nur bei einem lebenden Willen die Rede sein. Dagegen läßt sich sehr wohl sagen, daß der Vollzieher innerhalb seiner Vollmachtsbefugnisse die existirende Vermögenssphäre des Verstorbenen, den Nachlaß, vertrete, wie denn auch in der That die Handlungen des Vertreters **Dritten** gegenüber für den Nachlaß wirken, während diese Handlungen auf den angeblich vertretenen Willen des Testators selbstverständlich keine Wirkung ausüben können. Das Verhältniß Dritten gegenüber ist aber der beste Prüfstein dafür, ob der Ausdruck „Vertretung" richtig angewandt ist. — Daraus, daß dieser Prüfstein meine Construction als echt ergeben hat, schließe ich auf ihre unangreifbare Richtigkeit.

§ 11.

Die Befugniß des Testamentsvollziehers, den Nachlaß zu constituiren, zu verwalten und zu vertheilen.

Der Vollzieher ist in jedem Falle befugt, sobald es sein Geschäft verlangt, den Nachlaß zu constituiren, zu verwalten und zu vertheilen. Diese Befugniß liegt stets schon in der Formel: „Zum Testamentsvollzieher ernenne ich den N. N." ausgesprochen, wenn das Testament sich nicht ohne jene Geschäftskategorieen vollziehen läßt. Es ist daher in keiner Weise zu rechtfertigen, wenn die meisten Autoren einen executor merus mit einem beschränkteren Geschäftskreis und einen executor mixtus mit einer, durch ausdrückliche Willenserklärung des Testators erweiterten Competenz unterscheiden [1]. Wer mit

[1] Wir finden diese Unterscheidung bei Beseler (Zeitschrift S. 188), Scholz III (a. a. O. § 13), Roth (Bairisches Civilrecht III, S. 809), Mühlenbruch (Pand. 43 S. 423), Gruchot (Erbrecht II, S. 223), Märker (Nachlaßregulirung S. 63), Bornemann (Preuß. Civilrecht, B. 6 S. 449); verworfen wird die Unterscheidung von Hinschius (Anwalt-Zeitung a. a. O. S. 787), Thümmel (Errichtung des letzten Willens S. 222 ff.), Mittermaier (Grundsätze des D. Pr. II, § 464 S. 1070) Heimbach (in Weiske's Rechtslexicon B. 10 S. 1043 ff.).

Dernburg und vielen Anderen behauptet, daß die Liquidation und Verwaltung des Nachlasses in der Testamentsexecution an sich nicht liege, widerspricht dem Willen des Testators. Mit Vermuthungen[1] läßt sich hier überhaupt nicht operiren; im Zweifel wird man aber bei dieser Interpretationsfrage eher annehmen dürfen, daß der Erblasser dem Vollzieher die weiteste Machtvollkommenheit eingeräumt habe, als daß man die Stellung des Römischrechtlichen Erben ängstlich zu wahren sucht[2]. Wenn der Erblasser Vermächtnisse ausgesetzt hat, welche nur nach Einziehung einer großen Erbschaftsschuld auszurichten sind, soll der Vollzieher dann nicht direct klagen und so den Nachlaß constituiren dürfen? Wenn ein Erblasser im Testament angeordnet hat, ein Grundstück zu verkaufen und aus dem Erlöse ein Stipendium zu gründen, soll der Executor dann nicht auf Grund seiner Ernennung allein die nöthigen Verwaltungshandlungen vornehmen dürfen? Wenn der Testator einem Legatar seine Pferde vermacht hat, soll der Testamentsvollzieher erst auf Herausgabe derselben gegen den Erben klagen müssen und sich nicht besser selbst in den Besitz des ganzen Nachlasses setzen dürfen, um die einzelnen Vermächtnisse zu vertheilen? — —

Der gegnerischen Ansicht liegen zwei Irrthümer zu Grunde. Einmal denken die Gegner bei der allgemeinen Ernennungsformel an eine Art Generalmandat und vergessen, daß die Formel durch die Instruction des Testaments ergänzt wird. Zweitens versteht man unter „Verwaltung", „Liquidation" diese Begriffe unter ihrer ursprünglichen weiten Bedeutung und vergißt, daß die aus denselben entspringenden Befugnisse des Executors immer nur soweit gehen, als die Vollziehung es erheischt.

Wenn freilich der Testator, statt einen Testamentsvollzieher zu ernennen, ganz vage Ausdrücke wählt, z. B. bestimmt: „N. N. soll meine Erbschaft theilen", so liegt hierin eventuell keine weitere Befugniß, als die angegebene; von

[1] Vergl. Beseler, Privatrecht I, S. 594.

[2] Vergl. Beseler in der Zeitschrift a. a. O. S. 190.

einer Ausführung des letzten Willens in seinem ganzen Umfange ist hier nicht die Rede. Ebenso kann es oft sehr fraglich sein, was der Erblasser unter dem Auftrage „N. N. soll meinen Nachlaß reguliren" versteht[1]. Im gemeinen Rechte wird man an eine blos faktische Regelung der Nachlaßverhältnisse denken. Im Preußischen Rechte fragt es sich, inwiefern der Verstorbene an die von der Testamentsvollziehung völlig verschiedene amtliche Nachlaßregulirung gedacht hat.

§ 12.

Die einzelnen, in dem Rechte der Constituirung und Verwaltung des Nachlasses liegenden Befugnisse des Testamentsvollziehers.

a) Die Befugniß den Nachlaß in Besitz zu nehmen.

Das Hauptrecht des Testamentsvollziehers ist, den Nachlaß d. h. die Nachlaßstücke in Besitz zu nehmen und sich den Besitz bis zur Theilung zu erhalten. So wenig wie der Concursverwalter kann er ohne Besitz irgend etwas ausrichten. Denn wenn der Erbe den Besitz hat, kann der Vollzieher faktisch nichts weiter zur Verwirklichung des letzten Willens thun, als was jeder Nachlaßinteressent thun kann, er kann den Erben verklagen; hat er aber den Besitz, so kann er thatkräftig einschreiten und das vertheilen, was er in seinen Händen hat. Freilich ist er nicht verpflichtet, stets den Nachlaß in Besitz zu nehmen, er kann ihn den Erben auch lassen, weil er ihnen vertraut. Allein der Richter wird selten in die Lage kommen, bei etwaigem Streit das Besitzesrecht dem Vollzieher abzuerkennen, die Erben mögen etwaige Mehrausgaben, welche durch die Besitznahme des Vollziehers entstanden, am Schlusse der Vertheilung einklagen. Dem Vollzieher das Besitzesrecht nehmen, heißt ihm die Testamentsexecution aberkennen, denn ohne dieses Recht wird er zu einem Aufseher herabgewürdigt,

[1] Vergl. Entscheidungen des Obertr. B. 12 S. 226: „Der Ausdruck „Regulirung" wird oft gebraucht, ohne daß ein bestimmter Rechtsbegriff damit verbunden würde."

welcher über den treulosen Erben nichts vermag. Ebenso ist es nothwendig, daß der Vollzieher, wenn er den Besitz dem Erben überlassen hat, ihn später, falls es nöthig sein sollte, wieder verlangen kann.

Obwohl die Nothwendigkeit des Besitzrechts für den Vollzieher allgemein anerkannt wird, erzeigt sich die juristische Construction desselben deshalb als sehr schwierig, weil das Römische Recht uns bei dem ihm unbekannten Institute im Stiche läßt, die deutschrechtliche Gewere aber, welche dem Salmann wie dem Vogt eine praktische Handhabe für sein Recht bot, längst zu den Rechtsalterthümern gehört. Wir folgen bei der Bekämpfung der irrigen Ansichten im allgemeinen der gediegenen Darstellung von Hinschius (Zeitschrift für Gesetzgebung und Rechtspflege, Band 1 Seite 518), beim Aufbau des positiven Resultats vermögen wir nicht uns ihm anzuschließen.

Zunächst kann der Vollzieher nach gemeinem Rechte keine Detention haben; von einem willenlosen Innehaben ist keine Rede, ebensowenig will der Executor die Kräfte, durch welche er den Nachlaß thatsächlich beherrscht, den Erben zur Verfügung stellen. Auch nach Preußischem Rechte hat er keinen bloßen Gewahrsam, denn er hat keineswegs dem besitzenden Erben allein sein ministerium zu prästiren. Auch ist der im Landrecht vorhandene Schutz des Inhabers (§§ 141, 145—150, 137 I, 7 A.L.R.) für den Zweck der Testamentsexecution nicht genügend. Dies zeigt sich in dem Falle, wenn der nur im Interesse des Besitzers geschützte Detentor von einem Dritten entsetzt wird und nur der Erbe als der im Besitz Gestörte das Possessorium gegen den Dejicienten anstellt (Hinschius a. a. O. S. 531).

Mit dem Begriffe des abgeleiteten Besitzes operiren zu wollen, halte ich von vorn herein für sehr bedenklich, denn es fehlt an einer gemeinsamen ratio, aus der sich die einzelnen Fälle desselben construiren ließen.

Ebensowenig ist mit der Herbeiziehung des Preußischen unvollständigen Besitzes etwas zu erreichen, weil der Vollzieher nicht die Absicht hat, für sich selbst über die Nachlaßstücke zu verfügen.

Der Testamentsvollzieher hat vielmehr den vollständigen Besitz. Hinschius behauptet, daß derselbe den Besitz in der Art habe, daß er animo et corpore den Erben repräsentire, daher müßten die Rechtswirkungen des Besitzes dem Erben angerechnet werden. Die an sich folgerichtige Consequenz trifft aber nicht zu, denn die rechtlichen Wirkungen dieses Besitzes treffen nicht den Erben, sondern den Nachlaß. — Durch Testament und Gesetz wird der Besitzesschutz, soweit er zur Vollziehung des letzten Willens nöthig ist, dem Erben genommen und dem Testamentsvollzieher gegeben. Der Besitz muß ein vollständiger sein, denn ist der Testamentsvollzieher einmal befugt, zur Erledigung seiner Geschäfte Besitz zu verlangen, so muß er auch damit gegen die Erben durchdringen können. „Wem die Gesetze ein Recht geben, dem bewilligen sie auch die Mittel, ohne welche dasselbe nicht ausgeübt werden kann" (Einleitung zum A.L.R. § 89).

Demnach müssen dem Testamentsvollzieher für seinen Wirkungskreis die remedia retinendae wie recuperandae possessionis zustehen, er muß für den Nachlaß usucapiren können, wie ja auch sonst sein Erwerb den Nachlaß vergrößert.

Folgerecht muß ihm auch das sonst dem Erben zustehende Rechtsmittel aus l. ult. Cod. de ed. div. Hadr. toll. VI, 33 zuerkannt werden, er muß mit demselben auch gegen den Erben wie gegen Dritte durchdringen können, weil er nach dem gesetzlich geschützten Willen des Testators eine Macht über den Erben haben soll. Dasselbe gilt von dem, dem Römischen Rechte nachgebildeten Rechtsmittel der §§ 243—245 I 12 des Preußischen Landrechts.

Hierbei zeigen sich einige Abweichungen beider Rechte. Nach dem Landrecht hat der Vollzieher das Rechtsmittel nicht, wenn gegen den eingesetzten Erben bereits ein Dritter im Besitze der Erbschaft ist (§ 244 I, 12), nach gemeinem Recht ist dies unwesentlich. Er hat dagegen nach Landrecht das Rechtsmittel sofort mit dem Tode des Erblassers, nach gemeinem Rechte aber nicht eher, als bis der Erbe die Erbschaft angetreten hat [1].

[1] Vergl. Hinschius a. a. O. S. 656 und S. 664.

b) Die übrigen Befugnisse.

Der Testamentsexecutor hat ferner das Recht, auf Publication des Testaments zu dringen, um seine Vollmacht zu erhalten. Er ist sodann nach gemeinem Rechte befugt, die Erben zur Erklärung über den Antritt der Erbschaft zu veranlassen, weil hiervon der Anfang seiner Thätigkeit abhängt. Auch wird er nach beiden Rechten im Interesse aller Nachlaßtheilnehmer sich vergewissern müssen, ob die Erben mit oder ohne Inventar antreten wollen.

Er hat weiter die Pflicht zu inventarisiren. Ferner hat er die Nachlaßobjekte zu vindiciren, Erbschaftsforderungen einzuklagen, überhaupt die Masse zusammenzubringen, soweit es die Vollziehung des letzten Willens verlangt. Alles dies liegt, wie Dernburg treffend aber zögernd zugibt, in der Consequenz seiner Aufgabe.

Die Verwaltungshandlungen umfassen im allgemeinen die Befugniß, den Nachlaß zu bewahren und zu erhalten, für Entrichtung der Schulden zu sorgen, die Masse zu versilbern, soweit sein Geschäft die Herstellung eines Activbestands fordert. Daher wird er zu Veräußerungen ohne eine besondere weitergehende Ermächtigung nur soweit befugt sein, als eine gewöhnliche Wirthschaftsführung dies erfordert, oder insofern eine Vertheilung nicht anders möglich ist. Von einer dauernden Verwaltung, welche mit dem Recht Speculationen zu unternehmen, Neuerungen anzuordnen &c. verbunden wäre, kann keine Rede sein. Die provisorischen Verwaltungshandlungen des Vollziehers müssen dem Zwecke des Instituts, den Nachlaß rasch und gewandt zu vertheilen, entsprechen.

Nach preußischem Recht könnte es scheinen, als ob die Verwaltungsbefugniß dem Vollzieher jedesmal besonders beigelegt sein müßte, denn § 558 I 12 A.L.R. lautet:

„Ist mit dieser Vollziehung zugleich die Verwaltung des Nachlasses ganz oder zum Theil verbunden, so ist der Vollzieher insoweit als Verwalter fremder Güter zu betrachten“.

Hiermit ist jedoch keineswegs gesagt, daß die Frage, ob mit der Vollziehung die Verwaltung verbunden sei, nur dann zu bejahen sei, wenn der Erblasser das ausdrücklich angeordnet hat; vielmehr kann sich auch nach Preußischem Rechte diese Anordnung aus dem Inhalte des zu vollziehenden Testaments von selbst ergeben.

Die Frage, wie weit die Rechte der Erben neben den Rechten des Vollziehers bestehen bleiben, ist an besonderer Stelle zu erledigen. Nach außen muß das Testament zur Legitimation ad processum genügen, so lange nicht die Erben mit Hülfe des Richters ihm „ein Desaveu geben" (Koch, Komm. II S. 111 Anm. 51). Ebenso genügt die letztwillige Vollmacht zur Legitimation vor dem Grundbuchrichter. Es ist nicht nöthig, vorher die Einschreibung auf den Namen der Erben zu veranlassen, denn der eingetragene Eigenthümer hat eine nach seinem Tode gültige Vollmacht ertheilt. —

Entstehen aus den Verwaltungshandlungen Verbindlichkeiten, so haftet der Erbe wie aus Nachlaßschulden, erwirbt der Executor etwas, so erwirbt er für den Nachlaß. Nur kann nach Preußischem Recht eine etwaige Eintragung nicht auf den Namen des Nachlasses, sondern nur auf den Namen des faktischen Eigenthümers, des Erben, vorgenommen werden.

Aus der Verwaltungsbefugniß entspringt die Pflicht des Vollziehers, allen Interessenten, nicht nur den Erben, gegenüber Rechnung zu legen, wie diese Pflicht auch dem Concursverwalter nicht nur dem Gemeinschuldner, sondern auch den Gläubigern gegenüber obliegt. Der Erblasser will die Interessenten nicht der Willkür des Vollziehers überlassen, sondern eine geordnete Nachlaßpflegeverwaltung begründen; indem der Staat diesen Willen schützt, gibt er, wie bei der Güterpflege, dem Vollzieher nicht nur Rechte, sondern legt ihm auch Pflichten auf. Von einem Vertrag zwischen dem Executor und den Interessenten ist auch hier keine Rede. Auch die §§ 558, 562 I 12 des Landrechts nöthigen nicht zur Annahme eines solchen Vertrags; wie die Verweisung in § 557 auf Titel 13 Abschn. 1 uns anerkanntermaßen nicht zwingt, die auf dem Mandats-Vertrage ruhenden Bestimmungen dieses Abschnitts anzuwenden, so kann uns auch die Verweisung in § 558 auf Titel 14 Abschn. 2 nicht zwingen, das Verhältniß aus einem Verwaltungs-Vertrage zu construiren, dies umsoweniger, als ja der Verwalter zum Theil als Bevollmächtigter gilt (§ 109 I 14) und wir daher nur zu der irrigen Mandatstheorie zurückkehren würden. Es existirt kein Prinzipal mehr, die Erben sind nicht als die Prinzipale zu betrachten; daher befreit auch ein Erlaß von Seiten der Erben den Executor nicht von der Rechnungslegung. Ein gemeinsamer Verzicht der Interessenten würde den Vollzieher allerdings von der Rechnungslegung entbinden, hieraus ist aber nicht zu schließen, daß die Interessenten seine Geschäftsherrn wären; über diejenigen Zweige seiner Verwaltung, für welche Niemand Rechenschaft fordert und bei welchen ihn sein Gewissen bindet, z. B. die Errichtung eines Denkmals, stehen ihnen keinerlei Machtbefugnisse zu.

Was die bei den Verwaltungshandlungen wie überhaupt vom Vollzieher anzuwendende Sorgfalt betrifft, so muß er nach gemeinem Recht für jedes Versehen einstehen. Die Analogie des Vormundschaftsrechts läßt uns hier wieder im Stich, da die Uebernahme der Testamentsexecution nicht Bürgerpflicht ist und daher kein Grund vorliegt, den Executor blos für relative Sorgfalt haften zu lassen. Der Rechtssatz ruht auf der communis opinio; allerdings ist das Gewohnheitsrecht dadurch beeinflußt, daß auch der Bevollmächtigte für gewöhnliche Nachlässigkeit haftet, allein der wahre Grund desselben ist, daß diese Art der Haftung dem einseitigen Willen des Testators entspricht. Mithin enthält es in letzter Linie eine richtige Willensinterpretation und ist es begreiflich, wenn auch solche Juristen, welche die Mandatstheorie verwerfen, für diesen Grad der Haftung eintreten.

Das Landrecht läßt bei dieser Frage der Wissenschaft nicht freie Hand. Unbestritten ist es möglich, die Haftung in außercontraktlichen Rechtsverhältnissen positiv zu regeln. Daher nöthigen die Verweisungen auf Titel 13 Abschnitt 1 und Titel 14 Abschnitt 2 den Vollzieher als Bevollmächtigten oder als Verwalter haften zu lassen.

Die Frage, wem der Testamentsvollzieher verantwortlich sei, ist dahin zu beantworten, daß jeder, welcher in seinen Vermögensverhältnissen durch die Nachlaßvertretung und die Geschäfte des Executors berührt wird, auch Schadenersatz von ihm fordern kann.

Honorar für seine Geschäftsführung steht dem Vollzieher nur zu, wenn es ihm der Erblasser zugebilligt hat. Auslagen und Verwendungen müssen ihm ersetzt werden, denn eine materielle Last ist ihm nicht auferlegt. Daher kann er auch für Dienste, welche ihm in seinem Berufe vergütet werden, Entschädigung fordern. Diese Frage ist in den zahlreichen Fällen wichtig, wo Anwälte zu Executoren gewählt werden.

§ 13.

Die einzelnen, aus dem Rechte der Vertheilung des Nachlasses sich ergebenden Befugnisse des Testamentsvollziehers.

Der Executor hat dafür zu sorgen, daß Jedem möglichst bald das werde, was ihm der Testator zugedacht hat. Er soll eine Erbtheilungsklage unter den Erben und die Klage der Vermächtnißnehmer gegen die Erben möglichst fern halten. Sein Wahlspruch ist: suum cuique!

Die Instruction für die Vertheilung ist allein der letzte Wille. Er darf von demselben in keinem Falle abweichen, selbst wenn alle Interessenten eine Abweichung verlangen; dies fordert seine Vertrauensstellung. Eine Abweichung vom Buchstaben des Testaments, wo gänzlich veränderte Umstände dieselbe der Intention des Erblassers gemäß fordern, ist gestattet. Eine Interpretation des Testaments steht ihm nicht zu. Das Preußische Landrecht sagt zwar:

> „Wenn über den Sinn einer Verordnung des Erblassers zwischen dem Testamentsvollzieher und dem Erben gestritten wird, so gebührt im zweifelhaften Falle der Meinung des Ersteren der Vorzug."

Allein dieser Satz kann sich nur auf die Ausführungsweise einer Verordnung, nicht auf den Sinn einer materiellen Testamentsvorschrift beziehen; in jedem Falle aber hat bei etwaigem Streit das Gericht zu entscheiden.

Dem Wesen der Treueverhältnisse entspricht es, daß der Vollzieher ohne den Willen des Testators keinen Substituten ernennen darf. Bei einzelnen Geschäften kann er sich vertreten lassen.

Einzig aus der Interpretation des letzten Willens ist auch die Frage zu entscheiden, was der Testator mit der Ernennung mehrerer Executoren bezweckt? In der Regel wird er wünschen, daß dieselben soviel wie möglich gemeinsam handeln; in Notfällen wird aber der eine für den Andern eintreten dürfen. Bei Meinungsverschiedenheiten kann nur das Gericht entscheiden, falls der Erblasser diesen Fall nicht vorgesehen hat, weil dann jeder Anhalt für seinen Willen fehlt. —

§ 14.

III. Stellung und Befugnisse des Testamentsvollziehers als Verwalter eines fremden Vermögens.

Vorbemerkung.

Wäre dem Testamentsvollzieher des modernen Rechts die unbeschränkte Macht gegeben, wie sie der deutsche Salmann hatte, so könnten wir uns mit der Darstellung seiner Nachlaßvertretung begnügen. Allein unter den Nachlaßinteressenten nehmen jetzt die Erben als Eigenthümer des Nachlasses eine besondere Stellung ein; nur soweit der auf Testament und Gesetz ruhende Wirkungskreis des Executors reicht, sind sie in Ansehung ihrer Disposition über den Nachlaß eingeschränkt, ja sogar innerhalb dieses Geschäftskreises geht die Schranke nicht soweit, daß nicht eine gewisse Berechtigung der Erben neben dem Executor bliebe.

Die an heißen Kämpfen allzureiche Entwicklungsgeschichte des Instituts, dem die positive Gesetzgebung nicht zu Hülfe kam, bringt es mit sich, daß, obwohl im Allgemeinen dem Vollzieher die nöthige Macht zugestanden wird, doch immer wieder in romanistischer Tendenz die Rechte des Erben in einer Weise daneben aufrecht erhalten werden, daß jene Macht illusorisch wird. So hat neuerdings Dernburg wieder den

Executor als einen Verwalter aufgefaßt, dessen Geschäftsherrn die Erben sind. Auf der andern Seite ist auch (so von Beseler) die Macht des Vollziehers überspannt worden; mit Recht hat sich das Obertribunal dagegen verwahrt, daß es den Satz: „Der Vollzieher sei innerhalb der Grenzen seiner Vollmacht ebenso befugt als verpflichtet den Nachlaß aktiv und passiv zu vertreten" (Striethorst 8 S. 242), dahin verstanden wissen wolle, als ob der Vollzieher allein dieser Vertretung sich erfreue; es kommt im einzelnen Falle auf die Grenzen seiner Vollmacht an (Striethorst 52 S. 126).

Es bleibt daher, da es hier an festen Regeln, wie sie das analoge Institut der Concursverwaltung bietet, fehlt, meines Erachtens, um alle Zweifel zu beseitigen, kein anderer Ausweg übrig, als die Stellung des Vollziehers sowohl den Eigenthümern des Nachlasses gegenüber als seine Stellung neben den Erben gegenüber den sonstigen Nachlaßinteressenten zu betrachten.

§ 15.

Die Stellung des Testamentsvollziehers gegenüber den Nachlaßeigenthümern.

Obwohl der Executor eine Thätigkeit ausübt, die eigentlich Sache der Erben wäre, leitet er doch seinen Willen nicht aus dem Willen der Erben ab, er ist ein staatlich geschütztes Organ des letzten Willens, welches den Nachlaß zu vertreten hat. —

Dabei hat er jedoch die Rechte der Erben ebenso wie die der anderen Interessenten wahrzunehmen und zu bedenken, daß er die Eigenthumsrechte derselben nur für den Zweck seines Geschäfts zu beschränken hat, nicht aber dieselben aufheben soll. Hierauf weist ihn auch der § 559 I 12 A.L.R. hin. Das hierselbst erwähnte „Interesse der Erben" geht weiter, als das Interesse der anderen am Nachlaß betheiligten Personen. Während zum Beispiel Gläubiger und Vermächtnißnehmer nur auf die Erfüllung ihrer speciellen materiellen Interessen klagen können, muß den Erben das Recht zugestanden werden, bei Säumniß des Vollziehers auf die Erfüllung des letzten Willens sowohl in Bezug auf Dritte als in Bezug auf rein persönliche Wünsche des Testators zu klagen, denn an und für sich ist es ihr Geschäft, den letzten Willen zu vollziehen.

Die Erben und ihre Quoten zu bestimmen, ist allein Sache des Testators. Für die hereditatis petitio sind zunächst die Erben legitimirt, wenn auch in gewissen Fällen, z. B. bei der Anfechtung des gemeinrechtlichen Testaments, dem Executor ein Interventionsrecht zugestanden werden muß. Dagegen ist die Erbsonderung (A.G.O. I. 46 § 8, § 12, § 2) Sache des Vollziehers, und kann ihm sein Amt auch nicht ohne Weiteres durch einen Antrag auf eine Nachlaßregulirung genommen werden. Er allein entscheidet über die reinen Verwaltungshandlungen, er kann bestimmte Vermögensstücke einem Erben anrechnen, körperliche Theilungen vornehmen, überhaupt die aus der actio familiae herciscundae entspringenden Verhältnisse regeln. Selbstverständlich haben die Erben stets das Recht, eine Entscheidung des Gerichts herbeizuführen. Diese Entscheidung im einzelnen Falle ist aber von einer Nachlaßregulirung wesentlich verschieden, denn sie muß immer dem Vertrauensmanne des Testators die Befugniß eines billigen Ermessens zuerkennen, und darf nicht in eine Verwaltungs-Verfügung übergehen. Auf der andern Seite wird aber auch in zweifelhaften Fällen den Erben ein Recht auf Sicherstellung zuzuerkennen sein.

Ferner wird das Recht des beneficium inventari durch die Befugnisse des Vollziehers nicht berührt, wie ja auch der Erblasser selbst dasselbe den Erben nicht nehmen kann, weil ihm blos über seinen Nachlaß ein Verfügungsrecht zusteht. Nimmt der Vollzieher dem Erben die Möglichkeit, ein Inventar zu errichten, so hat der Erbe ein Recht, von ihm die Wahrung der Rechtswohlthat zu verlangen; außerdem kann sich der Erbe auf das Inventar, welches der Vollzieher im Interesse aller am Nachlaß Betheiligten errichtet, ebenso beziehen, wie er sich auf das von einem Concursverwalter errichtete Inventar berufen kann.

Hier stoßen wir auf die noch nirgend ventilirte und doch

so praktische Frage, ob der Vollzieher gegenüber dem Beneficialerben eine andere Stellung hat, als gegenüber den Erben ohne Vorbehalt? Bei der Beantwortung derselben zeigt sich ein wesentlicher Unterschied zwischen dem Landrecht und dem gemeinen Recht. Nach Preußischem Rechte hat der Beneficialerbe die doppelte Stellung eines Erben und eines Administrators der Erbmasse für die Gläubiger und Vermächtnißnehmer; er muß die Nachlaßschulden in der von der Concursordnung geforderten Reihenfolge berichtigen (§ 452 I. 9 A.L.R. und §§ 8, 9 des Ausführungsgesetzes zur D. C.P.O. vom 6. März 1879) und kann sich gegen prioritätische wie gleichberechtigte Gläubiger durch den Nachweis nachstehender Posten nicht von der Haftung für den Ausfall befreien; ebenso ist er den Vermächtnißnehmern verantwortlich; in zweifelhaften Fällen bleibt ihm nichts übrig als sich durch das Aufgebotsverfahren zu entlasten (vergl. Gesetz v. 28. März 1879). Hieraus folgt, daß der Vollzieher ebenso wie der Erbe die gesetzliche Theilungsordnung einhalten muß, weil er das Geschäft des Erben besorgt; er haftet ihm für jedes Versehen und wird daher mit den Erben, bevor er eine Schuld bezahlt oder ein Vermächtniß austheilt, stets Rücksprache zu nehmen haben und ihm überhaupt stets den Einblick in den Geschäftsgang gewähren, bei etwaigen Zweifeln wird er es auf einen Prozeß ankommen lassen. Auch kann er das Aufgebotsverfahren beantragen [1]. Es muß ihn hierbei sein praktischer Sinn leiten; an festen Regeln, wie wir sie beim Prüfungstermin im Concursverfahren haben, fehlt es hier wie überall bei unserm Institut. —

Nach Justineaneischem Recht hingegen, welches keine Suspension der erbrechtlichen Vermögensconfusion kennt, darf der Erbe die Gläubiger ohne Rücksicht auf die Priorität befriedigen, bis der Betrag des Nachlasses erschöpft ist [2]; daher kann sich

[1] Das Gesetz vom 28. März 1879 § 1 erwähnt allerdings den Vollzieher nicht, es folgt aber seine Befugniß daraus, daß er allgemein bevollmächtigt ist, die Testamentsvollziehung an Stelle des Erben wahrzunehmen. Daß aber das Aufgebot ein Geschäft ist, welches zur Vollziehung des letzten Willens nöthig ist, steht außer allem Zweifel.

[2] l. 22 Cod. 6, 30; §§ 4—6 und § 8.

auch der Vollzieher nicht ihm gegenüber durch eine falsche Vertheilung verantwortlich machen.

Einem Erben ohne Vorbehalt gegenüber kann nach beiden Rechten von einer solchen Verantwortung keine Rede sein. Es könnte scheinen, als ob hier überhaupt die Nachlaßvertretung des Executors ihr Ende finden müßte, weil der Erbe beide Vermögen vermischen will. Indessen geht der Wille des Testators, welcher im Interesse aller Betheiligten noch eine temporäre Suspension der Vermögensverschmelzung angeordnet hat, dem Willen des Erben vor, und bleiben dem Vollzieher alle seine Rechte über den Nachlaß. Geht seine Befugniß in Folge der Erklärung des Erben über die Kräfte des Nachlasses hinaus, hat er Anspruch auf das persönliche Vermögen des Erben? Ich möchte diese Frage verneinen; seine Macht reicht so weit, als der Nachlaß reicht; wenn sich der Erbe den Interessenten gegenüber weiter verpflichtet, so mag sie der Vollzieher des Nachlasses nach der Erschöpfung der Masse an den Erben verweisen. Fraglich könnte nur sein, ob nicht der Executor als Vertreter der rein persönlichen Wünsche des Testators, hinter denen keine Interessenten stehen, z. B. bei Erbauung eines Grabdenkmals 2c., die Erfüllung derselben auch aus dem eignen Vermögen des Erben fordern kann? Ich würde ihm diese Befugniß zusprechen, denn bei diesen Ansprüchen ist er ein gleichsam in die Seele des Erblassers hinein interessirter Nachlaßbetheiligter, welchem sich der Erbe durch seine Erklärung verpflichtet hat. —

§ 16.

Die Stellung des Testamentsvollziehers neben den Nachlaßeigenthümern gegenüber den übrigen Nachlaßinteressenten.

a) Gegenüber den Notherben.

Die Frage, ob der Testamentsvollzieher befugt und verpflichtet ist, sich auf eine Klage wegen Verletzung des Pflichttheils einzulassen, kann, der vielen Controversen des Pflichttheilsrechts wegen, nur in der Kürze beantwortet werden.

Nimmt man an, daß Justinian in der Novelle 115 nur die querela inofficiosi testamenti neu ordnen wollte, das Recht derselben aber bestehen ließ und nur die eine Aenderung traf, daß mit der Erbeseinsetzung nicht auch der übrige Inhalt des Testaments fiel, so hat der Testamentsvollzieher bei der Anfechtung durch Descendenten und Ascendenten nicht zu besorgen, daß seine Vollmacht wegfällt, denn dieselbe bleibt auf jeden Fall bestehen. Indessen ist er doch bei der gewöhnlichen Klage gegen die Erben interessirt. Er hat das Interesse aller Nachlaßbetheiligten zu wahren. Dies Interesse duldet es nicht, daß die Erben Pflichttheilsansprüche anerkennen dürfen, die nicht bestehen oder gar durch Kollusionen die Masse schmälern dürfen. Es wird daher nichts übrig bleiben, als den Notherben das Recht und die Pflicht zuzusprechen, auf Grund des § 57 der C.P.O. den Vollzieher und die Erben als Streitgenossen zu verklagen, und es hätten dann, da das streitige Rechtsverhältniß beiden gegenüber nur einheitlich festgestellt werden kann, Erbe sowohl als Vollzieher die exceptio plurium litis consortium [1]. Mehr noch muß dies für das Landrecht gelten, wenn man annimmt, daß der Pflichttheilserbe nur einen Forderungsanspruch auf ein Werthquantum hat.

Ist die Vorfrage über den Pflichttheil entschieden, so hat der Vollzieher über den Antheil der Notherben keine weiteren Befugnisse, denn dieser darf nach beiden Rechten nicht belastet werden.

Für das gemeine Recht ist noch erwähnenswerth, daß bei dem Siege mit der querela inofficiosi testamenti der Geschwister dem Testamente alle Kraft [2] benommen wird, und daher auch die Vollmacht des Vollziehers wegfällt. Derselbe ist deßhalb hier bei der Anfechtungsklage schon aus diesem Grunde interessirt.

b) Gegenüber den Nachlaßgläubigern.

Der Testamentsexecutor ist befugt, die Gläubiger aus der Masse zu befriedigen, wenn er auch dabei stets mit den Erben

[1] Vergl. C.P.O. § 59.

[2] l. 8 § 16, l. 17 § 1, l. 28 in fine D. 5, 2.

Rücksprache nehmen muß. Dagegen kann den Gläubigern nicht das Recht genommen werden, die Erben als Schuldner zu verklagen. An der Thatsache, daß die Schuld, nach gemeinem Rechte ipso jure getheilt, nach Landrecht ungetheilt auf die Erben übergeht, kann der Testator nichts ändern. Ja, selbst wenn der Testamentsvollzieher speciell beauftragt wäre, passiv die Masse zu vertreten, würde diese Verfügung den Gläubigern nicht das Recht rauben, nach ihrer Wahl die Erben zu verklagen [1].

Macht sich der Erbe einer Vernachlässigung oder einer Collusion als Verklagter schuldig, so kann der Vollzieher später Regreß gegen ihn nehmen.

Darüber, daß das dem Erben gegenüber gefällte Judikat auch in die Nachlaßobjecte vollstreckbar ist, die der Vollzieher in den Händen hat, herrscht jetzt allseitiges Einverständniß, denn dieser besitzt die Objecte so wenig aus eigenem Rechte, wie dies bei dem Vormund oder dem Concursverwalter der Fall ist.

c) Gegenüber den Nachlaßschuldnern.

Daß der Vollzieher befugt ist, die Nachlaßschuldner zu verklagen, um die Masse zusammenzubringen, liegt in der Consequenz seiner Aufgabe und wird von der Theorie fast allgemein angenommen. Die Praxis sucht freilich noch hin und wieder in Verkennung seiner Stellung ihm dies Recht abzusprechen, und nur den Erben für activ legitimirt zu erklären [2]. Doch gewinnt auch hier die richtige Ansicht immer mehr die Oberhand [3].

d) Gegenüber den Legataren.

Schwieriger gestaltet sich das Verhältniß des Vollziehers zu den Legataren. Zunächst steht es außer Zweifel, daß der

---

[1] Anderer Meinung ist Hinschius, Anw. z. a. a. O. S. 797.

[2] Vergl. Seufferts Archiv B. 20 No. 50; meist wird jedoch die Möglichkeit der Befugniß an sich nicht geleugnet, sondern nur ein ausdrücklicher Auftrag des Testators verlangt; vergl. Seuffert VI S. 312f., XV S. 48.

[3] Vergl. Entscheidungen des Obertrib. B. 48 S. 99, und das Er-

Testamentsexecutor, wenn er den Nachlaß im Besitz hat, die Legate auszahlen kann; nur muß er mit dem Erben Rücksprache nehmen. Ferner steht es fest, daß der Testator die Legatare, die nicht wie die Gläubiger ein eignes Recht haben, beliebig beschränken und sie daher auch an den Testamentsvollzieher verweisen kann. Fraglich ist meines Erachtens nur, ob ohne eine ausdrückliche Bestimmung in der Ernennung des Vollziehers eine active Prozeßlegitimation desselben gegenüber den Legataren enthalten ist? Hinschius nimmt dies mit Recht an (a. a. O. S. 799), da der Wille des Testators sich nur dahin interpretiren läßt. Kann man nun aber annehmen, daß der Vermächtnißnehmer nach seiner Wahl gegen den Vollzieher oder den Erben klagen könne, so daß im letzteren Falle der Executor nur ein Interventionsrecht hätte? Dann würde leicht der Fall eintreten können, daß gegen die Erben, vielleicht mit Willen derselben, ein siegreicher Prozeß gewonnen wird, von dem der Vollzieher nichts erfährt, für dessen Executionsfolgen er aber mit dem Nachlaß haften muß, so daß er erst auf dem Umwege des Regresses den Schaden wieder ausgleichen kann. So bleibt denn in der That nichts übrig, als dem Vollzieher die Befugniß zu geben, den Nachlaß den Legataren gegenüber **allein** passiv zu vertreten. Die Erwägung, daß die Erben durch Treulosigkeit oder Nachlässigkeit des Vollziehers augenblicklichen Schaden leiden könnten, kann deßhalb nichts an seiner Befugniß ändern, weil der Testator dem Executor mehr Vertrauen schenkt und ihm mehr Geschick zutraut als den Erben; sie kann nur dahin führen, den Erben ein Interventionsrecht und ein Regreßrecht zuzuerkennen, woraus wiederum folgt, daß der Vollzieher die Befugniß der Streitverkündigung haben muß. —

e) Gegenüber den rein persönlichen Wünschen und Interessen des Erblassers.

Die Zahl der Nachlaßinteressenten ist mit dieser Aufzählung erschöpft, der Interessen, denen der Nachlaß dient, aber nicht.

kenntniß des Reichsgerichts bei Gruchot 3. Folge 3. Jahrgang, Heft 2 bis 4, S. 455 f.

Diese rein persönlichen Interessen, hinter denen nicht einmal die Obrigkeit als Pflegerin der öffentlichen Wohlfahrt steht, muß der Vollzieher erfüllen. Zögert er, so können ihn die Erben oder interessirte Dritte anhalten. Es fragt sich hier noch, ob dann, wenn die Erben und der Vollzieher einig sind, den Willen des Testators nicht zu erfüllen, der Staat den Vollzieher zur Erfüllung civilrechtlich anhalten kann? Diese Frage ist wohl zu verneinen; derartige Eingriffe in ein privatrechtliches Institut müßten zur Idee der österreichischen „Testamentsausweisung" führen, die Unger[1] in seinem Erbrecht (a. a. O. S. 160 f.) genugsam gekennzeichnet hat.

§ 17.

IV. Die Beendigung der Befugnisse des Testamentsvollziehers.

Die Testamentsexecution endigt nicht durch Kündigung, sondern dadurch, daß ihre Ausführung beendigt ist oder unmöglich wird. Letzteres ist der Fall, wenn der Vollzieher stirbt und der Testator ihm nicht vertrauensvoll sogar die Ernennung eines Ersatzmannes überlassen hat, oder wenn er handlungsunfähig wird. Eine zeitliche Grenze besteht weder nach gemeinem noch nach Preußischem Rechte. —

Die Testamentsvollziehung wird ferner unmöglich, wenn über den Nachlaß der Concurs eröffnet wird. In den beiden Fällen, wo ein solcher möglich ist — wenn ein Erbe noch fehlt oder die Erbschaft cum beneficio inventarii angetreten

[1] Vergl. auch Randa a. a. O. S. 73 Anm., der die Beibehaltung der „Testamentsausweisung" für diese Auflagen wünscht. Es könnte nach l. 7 Dig. 33, 1 scheinen, als ob die Römer in diesen Fällen ein Einschreiten der Regierung gekannt hätten. Allein die Stelle sagt nur, daß bei derartigen Auflagen ein Miterbe gegen den Anderen klagen kann, weil Beide an der Erfüllung ein Interesse haben; der Staat schreitet dann, nicht aus eigener Machtbefugniß, sondern auf Anrufen des pietätvollen Miterben ein und schützt dessen Interesse. Andrer Meinung ist Randa a. a. O. S. 73 Anm.

ist —, kann der Antrag auf Eröffnung vom Vollzieher als Vertreter des Nachlasses gestellt werden [1].

Schließlich wird, wie aus dem nächsten Paragraphen erhellt, die Vollziehung des letzten Willens bei offenbarer Treulosigkeit des Executors als unmöglich betrachtet.

§ 18.

V. Die Klagen aus dem Institute der Testamentsvollziehung.

Die Klagen aus unserem Institute gründen sich weder auf ein Mandat, noch auf einen Verwaltungsvertrag. Man fand im Römischen Rechte für dieselben keinen Namen, und nannte sie bald actiones in factum, bald condictio ex legibus, condictio ex moribus etc. Diese Aushilfen waren zulässig [2], weil es genügt, daß ein Verhältniß durch das objective Recht anerkannt ist, um darauf eine Klage zu gründen. Es läßt sich nur sagen, daß dem Vollzieher eine Klage gegen alle zusteht, welche ihn hindern, den letzten Willen zu vollziehen, und daß alle Interessenten des Nachlasses gegen ihn eine Klage haben, welche ihn zwingt, seine Stellung dem Willen des Testators gemäß zu benutzen. Das Testament des Verstorbenen ist die gemeinsame Quelle der beiderseitigen Rechte [3], es ist auch die Quelle der Pflichten des Vollziehers, weil der Erblasser will, daß er den Nachlaß für alle Interessenten verwalte und theile. Der letzte Grund des Rechts ist aber die Gewohnheit oder das Gesetz, welche diesen einseitigen Willen und das von ihm beabsichtigte Institut aus praktischen Gründen schützen.

Da das Institut ein privatrechtliches ist, so kann bei demselben von einem Beschwerderecht, wie es die Vormundschaft kennt, keine Rede sein. Schwierig ist die Lösung der Frage, wie eine Privationsklage gegen den Vollzieher möglich ist? Die Gründe, welche das Rescript vom 25. Januar 1796 an-

[1] Vergl. §§ 202—206, 192 der C.O. und Entwurf der Concursordnung S. 1559, 1561.

[2] Mühlenbruch a. a. O. S. 441.

[3] Vergl. Walther, Privatrecht S. 482.

gibt[1], sind nicht richtig, da sie einfach dem Institute der Vormundschaft entlehnt sind. Man kann sagen, daß es vermuthlich dem Willen des Testators nicht entspreche, einen treulosen Executor beizubehalten. Hiergegen wirft Koch die Frage auf: „Wer vermag es zu wissen, ob das dem Willen des Testators entspricht?" (a. a. O. S. 381). Allein der Schluß ist deßhalb unbedenklich, weil es sich hier nicht um Vertragswillen handelt, der unbedingt bindet. Auch bei anderen positiven Instituten, z. B. beim negotium utiliter gestum, bei der Vormundschaft über Abwesende (V.O. § 82) ist bei ganz veränderten Umständen ein Abweichen von einem früher ausgesprochenen Willen gestattet, weil der wirkliche Wille nicht zu erfragen ist, und die Befolgung des früheren Willens gegen die bona fides verstoßen würde. In unserem Falle ist allerdings ein Wille überhaupt nicht mehr vorhanden, allein die Billigkeit verlangt, daß die Erben nicht der Willkür eines treulosen Dritten unterworfen werden. —

Die Fälle, in denen die Privationsklage den Sieg erringt, werden allerdings grobe Verstöße des Vollziehers voraussetzen. Der Civilrichter muß für sein Gebiet den Begriff des ungetreuen und in Folge dessen unfähigen Vollziehers nach freiem Ermessen aufsuchen, wie der Strafrichter erwägen muß, wann der Testamentsexecutor wegen „Untreue" zu bestrafen ist (§ 266 des Strafgesetzbuchs).

§ 19.

Anhang I.

Die Specialexecutoren.

Die Stellung der Particular- oder Specialexecutoren unterscheidet sich im Princip von der executio universalis dadurch, daß der Executor nicht den Gewahrsam über den ganzen Nachlaß verlangen kann, da dies dem Willen des Testators nicht entsprechen würde. Wem z. B. nur die Gründung einer Stif-

[1] Rabe III S. 248.

tung aufgetragen ist, muß sich begnügen, die Geldmittel von den Erben zu fordern und einzuklagen[1]. —

Im übrigen folgen sie den allgemeinen Regeln des Instituts.

§ 20.

Anhang II.

Die Vollzieher eines Erbvertrags.

Faßt man den Begriff „Testamentsvollzieher" als identisch mit dem Begriff „Vollzieher eines letzten Willens", so muß nach beiden Rechten die Ernennung von Vollziehern in Erbverträgen hierher gerechnet werden, denn der Erbvertrag enthält eine letztwillige Verfügung. —

Es kann nun ein Vollzieher im Erbvertrage zwischen dem Testator und dem Erben mit oder ohne seine Zuziehung ernannt werden; im ersteren Falle erhält er eine directe Berechtigung. Der Testator kann wohl auch beim Abschluß sich die Befugniß vorbehalten, einen Executor zu wählen. Dagegen halte ich es nicht für zulässig, einen Executor in einem Vertrage ad hoc zu ernennen. Wie beim Testamente die Vollmacht ein Theil desselben ist, so ist sie auch beim Erbvertrag ein Theil dieser letztwilligen Verfügung; sie vermag ihrem Wesen nach allein nicht zu bestehen, sondern muß ihrer „Instruction" beigefügt sein.

Uebrigens ist die Vollstreckung der Erbverträge der Praxis wohl kaum bekannt. Der Grund liegt meines Erachtens darin, daß man, wenn man den Erben beschränken will, nicht die Form eines zu Weiterungen führenden Vertrags, sondern die verschwiegene Testamentsform wählt.

[1] Beseler, Zeitschrift a. a. O. S. 221.

Die Lehre von den Testamentsvollziehern nach dem bürgerlichen Gesetzbuche für das Deutsche Reich.

§ 21.

Das Grundprincip der Testamentsvollstreckung nach dem bürgerlichen Gesetzbuche.

Das Reichsgericht nennt im 25. Bande S. 295 die juristische Construction der Testamentsvollstreckung schwierig und in außergewöhnlichem Grade bestritten. Auch das Preußische Recht lasse noch große Schwierigkeiten für den dogmatischen Aufbau bestehen (S. 297). Demgegenüber zeichnet sich das Gesetzbuch für das Reich durch ungemeine Klarheit und Ausführlichkeit aus. Die Protokolle betonen zu §§ 1899 ff., daß die geschichtliche Entwickelung dahin dränge, das Amt des Testamentsvollstreckers auszudehnen; und so hat man mit weiser Erwägung dem Vollstrecker eine freie Stellung gegeben, die dem Zwecke des Amts, den letzten Willen frei auszuführen, und dem Willen des Erblassers wohl entspricht.

Die dogmatische Construction hat das Gesetzbuch mit Recht der Wissenschaft allein überlassen, und nirgend ein Dogma zur Norm erhoben. Aber aus den Normen selbst erhellt, daß die Testamentsvollstreckung als positives Institut, d. h. als eine Einrichtung ins Recht gestellt worden ist, die weder im Vertragsrecht, im Erbrecht noch sonst eine Analogie hat, noch eine Erklärung daraus verträgt, sondern auf selbständigem Fundamente ruht; und zwar hier auf der Erwägung, daß auch in der modernen Welt dieses germanische Treueverhältniß über den Tod hinaus im Recht zu schützen ist, weil es praktisch ist, und im Volksbewußtsein lebt. Nicht ein Amt hat man in Deutschland aus der Testamentsvollstreckung gemacht, der Vollstrecker steht frei wie der gestor, den die utilitas absentium ruft und der das subjective Moment der utilitas absentis zu beachten hat, er steht freier als dieser, denn ihn binden nicht die Gewohnheiten eines nur abwesenden Herrn, er hat frei den Willen eines Verstorbenen verständig auszuführen; auch hier ist das positive Institut von dem Amte der Abwesenheitsvormundschaft weit getrennt. Ein Abwesenheitsvormund könnte objectiv handeln, ein amtlicher Testamentsvollstrecker würde die Freiheit der Bewegung verlieren, die der Erblasser ihm geben will. Der Beamte würde weder dem abwesenden Herrn, noch dem Willen des todten Herrn gerecht werden. Das positive Institut besteht darin, daß der Vollstrecker dem Herrn über den Tod hinaus die Treue wahrt, darin vom Gesetz zur Vollziehung des letzten Willens geschützt wird, und so den Nachlaß vertritt; denn einen Todten kann er eben im Recht nicht vertreten, und die Erben sind nie die Vertretenen. Damit ist die von mir vertretene und vom Reichsgericht früher angenommene Theorie in das neue Gesetz übergangen, und ist daher für mich die Behandlung der Materie eine leichtere geworden als für Andere, die meine Gegner geblieben sind.

Auch auf dem Gebiete der Gesetzgebung findet sich dieselbe Schwenkung, der wir bei Eccius begegnen: der Irrthum, daß der Testamentsvollstrecker der gesetzliche Vertreter der Erben sei, den der Entwurf im § 1903 vertrat, wird als solcher ganz aufgegeben, und der Charakter des positiven Instituts dringt durch; hier viel mehr als bei Eccius, denn die Vertretung des Nachlasses, wie ich sie aufgestellt habe, steht als solche klar im Gesetzbuch.

Der Vollstrecker ist danach kein Vertreter, die Vollstreckung nicht eine Art juristischer Person, der Vollstrecker hat das Amt, den letzten Willen zu erfüllen; vergl. §§ 2197, 2202, 2203, 2215, 2221, 2224, 2225. Er vertritt als solcher den Nachlaß; den Verstorbenen kann er nicht vertreten, die

Erben vertritt er nicht, ja er tritt gegen sie auf; es ist dies eine Art amtlicher Vertretung, die mit einem Auftrag oder der Vertretung der Corporation nichts zu thun hat, vergl. 2205 (den Nachlaßverwalter), 2206 (Verbindlichkeiten für den Nachlaß eingehen, ebenso § 2207) 2213 (Anspruch gegen den Nachlaß).

Der Standpunkt der Motive ist principiell verlassen worden. Dort war angeführt, daß der Entwurf versucht habe, „Klarheit in ein dunkles Institut zu bringen," und er hat sich ehrlich bemüht und die Construction gefördert. Nur darin irrte er, daß der T. „nach dem Willen des Testators ein gesetzlicher Vertreter der Erben sei" (S. 236 B. 5), während er ja den Nachlaß vertritt.

So hat denn die Klarheit, die im deutschen Gesetzbuch erstrebt wird, erst die zweite Commission uns gebracht. — Die Denkschrift räumt dem Verwalter principiell die Verwaltung des Nachlasses ein. Bedauerlicher Weise betont sie ohne jeden Tadel des großen Fehlers die Analogie mit dem Auftrage.

Die wichtigsten Angaben über die Principien des Gesetzgebers finden wir in den Protocollen der zweiten Commission, und muß ich an dieser Stelle den Kernpunkt jener Anschauungen wörtlich mittheilen.

Die Protokolle bemerken zu §§ 1900 ff. des Entwurfs: „Die geschichtliche Entwickelung des Instituts der Testamentsvollstreckung dränge dahin, die rechtliche Stellung des T. eher auszudehnen, als einzuschränken. Das Amt des T. habe sich entwickelt aus dem altdeutschen Institut des Treuhänders und des Salmannes. Ursprünglich sei man deswegen davon ausgegangen, daß der T. an den zur Nachlaßmasse gehörenden Gegenständen das Eigenthum erwerbe, und erst demnächst sein Eigenthum insoweit aufgebe, als es zur Ausführung des letzten Willens erforderlich scheine. Im Laufe der Rechtsentwickelung habe sich die Überzeugung Bahn gebrochen, daß es der Willensmeinung des Testators widerspreche, dem Vollstrecker die Rechtsstellung des Eigenthümers zu gewähren. Man sei nunmehr in dem Bestreben, den bisherigen Fehler zu vermeiden, in der deutschen Partikulargesetzgebung vielfach in den entgegengesetzten Fehler verfallen, und habe die Rechtsstellung des T. zu sehr eingeschränkt. Auch der Entwurf habe sich der rückläufigen Bewegung in dieser Beziehung angeschlossen. Bei einer Neuordnung sei indessen an die geschichtliche Entwickelung anzuknüpfen und dem Vollstrecker eine freiere Stellung zu gewähren, welche sowohl den Zwecken seines Amtes als auch dem muthmaßlichen Willen des Erblassers entspreche. Der Erblasser berufe einen T., damit sein letzter Wille zur Ausführung gelange. Er wolle, daß der T. insoweit zur seiner Verfügung über den Nachlaß berechtigt sein solle (m. E. liegt hierin Vertretung des Nachlasses). Vom theoretischen Standpunkt sei mithin die Regelung des Entwurfs richtig (m. E. unrichtig in Bezug auf die Vertretung der Erben durch den T.) Mit Rücksicht auf das Verkehrsbedürfniß (m. E. mit Rücksicht auf die richtige Theorie) müsse man jedoch von der Gewährung eines kausal bedingten Verfügungsrechts (Vertretung der Erben!) Abstand nehmen. Es bleibe demnach nichts anderes übrig, als dem Vollstrecker ein absolut freies Verfügungsrecht zu gewähren (m. E. meine Theorie), da jede andere Schranke die Gefahr nahe lege, daß die Errichtung des Zwecks der Testamentsvollstreckung, den letzten Willen des Erblassers zur Durchführung zu bringen, erheblich erschwert werde. . . . . Bei der Auswahl des T. lasse sich der Erblasser ausschließlich von dem Vertrauen in die wirthschaftliche Tüchtigkeit und Zuverlässigkeit seines Erwählten leiten. Er wolle ihm regelmäßig mit Rücksicht auf dieses Vertrauen ein uneingeschränktes Verfügungsrecht gewähren; jede Einschränkung würde in einem gewissen Widerspruch stehen zu der Vertrauensstellung, die der Vollstrecker nach dem Willen des Erblassers haben solle. Ebensowenig passe die Analogie der gewöhnlichen Nacherbschaft, da hier die Einschränkungen, denen der Vorerbe unterworfen sei, auf einem gewissen Mißtrauen des Erblassers beruhen. Eher treffe die Analogie der auf den Ueberrest beschränkten Nacherbschaft zu. Die Erben seien endlich durch die Vorschriften über das Inventarrecht und das Pflichttheilsrecht sowie durch die Strafvorschriften über Untreue in gewissem

Maße geschützt. Gewähre man dem Vollstrecker das unbeschränkte Verfügungsrecht, so müsse man ihm auch das Recht einräumen, Verbindlichkeiten für den Nachlaß einzugehen." Zu der richtigen Bemerkung, daß es zur Durchführung des letzten Willens dem T. eventuell gestattet sein könne, auch verzinsliche Forderungen einzuziehen (m. E. für den Nachlaß! für wen sonst?), bemerken die Protokolle, die Verweisung auf die analoge Rechtsstellung des Ehemannes beim gesetzlichen Güterrechte passe nicht. Es ist in der That wunderbar, wohin das Sträuben gegen die Anerkennung der „positiven Institute" die Gegner führt, bei der negotiorum gestio wird ein Auftrag fingirt, der gerade fehlen muß, hier wird der Vollstrecker in der Noth gar auf gleiche Stufe mit dem Ehemann gestellt, er soll das Verfügungsrecht in dem gleichen Umfange haben, in welchem es dem Ehemann an dem eingebrachten Vermögen der Frau bei dem gesetzlichen Güterrechte zusteht (vergl. die 356. Sitzung vom 6. November 94). Die Mehrheit wies diesen Gedanken entschieden ab, die Beschränkung des Verfügungrechtes des Ehemannes beruhe wesentlich auf dem socialpolitischen Gedanken, die Frau gegen die Gefahr zu schützen, daß der Mann ihr Vermögen durchbringe. Bei der Wahl ihres Gatten lasse sich die Frau häufig von ganz anderen Motiven, als von der Rücksicht auf die wirthschaftliche Tüchtigkeit und Zuverlässigkeit des Gatten leiten. Diese Motive seien häufig so stark, daß sie selbst über offenbare Bedenken gegen die Wirthschaftlichkeit des Mannes hinwegtäuschten. Trotzdem müsse sich die Frau gefallen lassen, daß der Mann ihr eingebrachtes Gut verwalte, sie müsse sich seinen Entschließungen ohne Wahl unterwerfen. Die Thatsache, daß die Frau ein solches blindes Vertrauen erfahrungsmäßig häufig mit dem Verluste ihres Vermögens büßen müsse, habe die Commission in richtiger Erkenntniß der schwächern Position der Frau durch eine Einschränkung des freien Verfügungsrechts des Mannes Rechnung getragen." Indem die Commission hier nebenbei die Auffassung der Ehe als Geldehe oder Vernunftehe mit sittlichem Ernst und deutschem Idealismus ablehnt, und die Liebe an Stelle des „Zwecks im Rechte" hier setzt, weist sie jede Analogie mit diesem Rechtsverhältniß hier mit Recht ab. Der Testamentsvollstrecker ist ein Vertrauensmann des Erblassers, der über den Erben dessen Willen ausführt, und niemals Vertreter der Erben ist; die weitere Construction ist Sache der Wissenschaft, und ich hoffe aus der Betrachtung der einzelnen Normen nachzuweisen, daß die Idee der Nachlaßvertretung im Deutschen Gesetzbuch überall durchgreift.

§ 22.

Die Ernennung des Testamentsvollstreckers.

Nur durch Testament kann der Testamentsvollstrecker vom Erblasser ernannt werden. Das Gesetz läßt leider die Ernennung mehrerer Testamentsvollstrecker zu; da das Vertrauen persönlicher Natur ist, wie auf der andern Seite die Treue, so ist hier Mehrheit unpraktisch. Die Collisionsfälle führen hier zu unleidlichen Resultaten reiner Willkür; und auch eine große Verwaltung hätte unter eine leitende Hand gestellt werden können. Indessen müssen wir uns hier mit den Normen abfinden und hoffen, daß in der Praxis immer nur ein Testamentsvollstrecker ernannt wird.

Der Erblasser kann für den Fall des Wegfalls des Testamentsvollstreckers einen andern ernennen (§ 2197).

Dem Princip zuwider ist zugelassen, daß der Erblasser die Bestimmung der Person des T. einem Dritten überlassen kann.[1]

[1] „Die Mehrheit entschied sich dafür, daß die Bestimmung der Person eines Testamentsvollstreckers auch einem Dritten solle überlassen werden können. Man erwog, daß die Anordnung einer Testamentsvollstreckung zwar von derselben Wichtigkeit sei, wie irgend eine andere Verfügung von Todeswegen, daß jedoch Gesichtspunkte des praktischen Lebens es rechtfertigen, hier eine Abweichung von der Regel eintreten zu lassen, daß die Ausführung und der Inhalt einer letztwilligen Verfügung nicht der Bestimmung durch einen Dritten überlassen werden könne. Die Verhältnisse würden nicht selten so liegen, daß der Erblasser bei seinen Lebzeiten nicht übersehen könne, wer seiner Zeit die geeignete Persönlichkeit sein werde, daß er aber eine ihn voraussichtlich überlebende Vertrauensperson habe, welche selbst aus irgend welchen Gründen das Amt nicht übernehmen könne, jedoch die nöthige Kenntniß und das nöthige Interesse besitze, um die Wahl sachgemäß und im Sinne des Erblassers zu treffen. Namentlich

Diese Bestimmung soll dann durch eine Erklärung gegenüber dem Nachlaßgericht erfolgen, und zwar in öffentlich beglaubigter Form. Das Bestimmungsrecht des Dritten erlischt mit dem Ablauf einer ihm auf Antrag eines der Betheiligten von dem Nachlaßgerichte bestimmten Frist (§ 2198). Mich haben die praktischen Erwägungen hier nicht überzeugt. Der mit der Bestimmung betraute Dritte hat dann ja völlig freie Hand, und das Band der Treue verknüpft hier persönlich ja den Vollstrecker und den Erblasser gar nicht. Es ist wenigstens mit Recht bestimmt, daß die Frage, ob ein Vollstrecker und wer bestellt sei, nicht lange in der Schwebe bleiben darf. In der Praxis ist vor dieser Norm zu warnen. — Ganz anders liegt der Fall nach § 2199. Der Erblasser, an den den Vollstrecker eben die Treue bindet, darf natürlich den Vollstrecker ermächtigen, einen oder mehrere Mitvollstrecker zu ernennen. Es wird sich in der Praxis empfehlen, diesen dann vertragsmäßig ihre Pflichten vorschreiben zu lassen, damit die Leitung in einer Hand bleibt; das kann der Testator ja anordnen. Der Testator kann den Vollstrecker ermächtigen, einen Nachfolger zu ernennen, er ergiebt sich hier freilich ganz und gar dem Willen des T.; immerhin können hier keine leidigen Prozesse und Streite entstehen, wie in dem Fall der Verwaltung Mehrerer, die so leicht kein Anwalt seinem Mandanten anrathen dürfte.

Unpraktisch und dem Treueverhältniß nicht entsprechend ist die Norm, daß das Nachlaßgericht vom Testator ersucht werden kann, einen T. zu ernennen [2], § 2200. Denn m. E. muß es

könne dies bei letztwilligen Verfügungen vorkommen, die ein Laie zu Gunsten von wissenschaftlichen Zwecken errichte. Der hierin liegende Vortheil überwiege zweifellos die Bedenken, die etwa daraus entnommen werden könnten, daß der mit der Bestimmung betraute Dritte einer besonderen Verantwortlichkeit nicht unterstehe, und lasse eine Abweichung von dem oben bezeichneten Princip um so mehr angezeigt erscheinen, als dasselbe auch schon durch andere Bestimmungen Modificationen erlitten habe."

[1] „Gegen die Anträge, das Gericht mit der Auswahl zu belasten, wurde das Bedenken geäußert, ob ein Bedürfniß für die gerichtliche Ernennung bestehe, und ob nicht damit die Gerichte in übertriebener Weise mit der Fürsorge für Privatinteressen belastet werden würden. Es handle sich hier nicht, wie bei der Bestellung von Vormündern und Pflegern, um

dem T. hier immer auf die Person ankommen. Das Gericht hat ja auch nur das Recht, nicht die Pflicht („kann“), zu ernennen, da es zwecklose oder sinnlose Anordnungen nicht vorzunehmen braucht. Da es sich weder um einen Vormund, noch um einen Pfleger handelt, ist die Bestimmung sehr entbehrlich, und wird wenig benutzt werden.

Die Ernennung ist unwirksam, wenn der T. zur Zeit des Antritts geschäftsunfähig, oder in der Geschäftsfähigkeit beschränkt ist, oder nach § 1910 zur Besorgung seiner Vermögensangelegenheiten einen Pfleger erhalten hat.

§ 23.

Der Amtsantritt.

Das Amt des T. beginnt mit dem Zeitpunkt, in welchem der Ernannte das Amt annimmt. Es ist Niemand gezwungen, T. zu werden, auch würde dies dem Treueverhältniß widersprechen. An der Berechtigung der Landesgesetzgebung, den Notaren die Uebernahme zur Pflicht zu machen, ist nichts geändert. Praktisch ist ein derartiger Zwang nicht. Die Annahme wie die Ablehnung des Amtes erfolgt durch eine Erklärung gegenüber dem Nachlaßgerichte; eine konkludente Handlung genügt nicht. Die Erklärung kann erst nach dem Eintritt des Erbfalls abgegeben werden, und ist unwirksam, wenn sie unter einer Bedingung oder einer Zeitbestimmung abgegeben wird (§ 2202).

die Wahrnehmung der Interessen schutzbedürftiger Personen, auch sei die Mühewaltung eine größere, weil keine Verpflichtung zur Uebernahme der Testamentsvollstreckung bestehe, und mit der Mühe werde nicht selten eine gewisse Verantwortlichkeit verbunden sein. Zum Mindesten dürfe man den Gerichten nicht die Prüfung aufbürden, ob die Bestellung eines T. dem Willen des Erblassers entspreche, es genüge und sei unbedenklich, die Thätigkeit des Gerichts nur auf ein Ersuchen des Erblassers eintreten zu lassen, da eine letztwillige Verfügung, die eine Testamentsvollstreckung anordne, wohl nie ohne rechtsverständigen Beirath errichtet werden würde. Auch dürfe bei der Möglichkeit einer grund- und zwecklosen Anordnung des Erblassers keine unbedingte Verpflichtung des Gerichts, einen T. zu bestellen, sondern nur eine durch pflichtmäßiges Ermessen bedingte Befugniß desselben anerkannt werden.“

Da ein definitiver Zustand geschaffen werden soll, ist Bedingung und Betagung hier unmöglich. Eine Annahmepflicht des Ernannten besteht nicht. Auch wenn einem Erben oder Vermächtnißnehmer das Amt übertragen wird, gilt die Ernennung nicht als Auflage; sie ist ein freies Amt. Indessen kann der Erblasser die Annahme der Ernennung zur Auflage machen, muß dies aber zu erkennen geben.

Das Nachlaßgericht kann dem Ernannten auf Antrag eines der Betheiligten eine Frist zur Erklärung über die Annahme bestimmen; es gelten dann für diese die Regeln der §§ 189 bis 193. Mit dem Ablaufe der Frist gilt das Amt als abgelehnt, wenn nicht die Annahme vorher erklärt ist; § 2202.

Dem bisherigen Recht ist diese Erklärung dem Gerichte gegenüber durchaus fremd. Das Gesetzbuch streift damit den nichtgermanischen Amtscharakter des Instituts, der Salmann war kein Beamter. Es ist dagegen aber nichts einzuwenden, da die Erklärung die Lage klärt. Wenn ein Vollstrecker vor der Erklärung handelt, thut er es auf seine Gefahr; irgend einen Anspruch kann er nicht begründen, da er nicht die Erben vertritt, und ihm die auftragslose Vertretung des Nachlasses, den Protocollen entgegen, m. E. kein Recht gibt [1].

[1] Man glaubt im Hinblick auf die auch für dritte Personen höchst wichtigen Folgen der Annahme und bei der Geringfügigkeit der dem T. erwachsenden Erschwerung von dem Erforderniß der Erklärung gegenüber dem Nachlaßgericht nicht absehen zu sollen, möge dasselbe auch dem geltenden Recht fremd sein. Eine für den Verkehr gefährliche Unklarheit der Verhältnisse müsse vermieden und daher besser auf die Zulassung einer stillschweigenden Annahme verzichtet werden, wenngleich nicht zu verkennen sei, daß die bei Erbfällen regelmäßig vorhandenen dringenden Geschäfte ein möglichst rasches Einschreiten des T. erwünscht erscheinen ließen. Diesem Bedürfniß könne nur durch die möglichste Beschleunigung der Annahmeerklärung abgeholfen werden. Denn die einstweilige Ausübung des Amtes bringe Gefahren für die Verkehrssicherheit mit sich. Wenn z. B. der Berufene, um die Kündigungsfrist zu wahren, schleunigst einem Angestellten des Erblassers kündige, und dann die Uebernahme dennoch ablehne, so gerathe der andere Theil in eine üble Lage, wenn er sich inzwischen anderweitig gebunden habe und nun durch die Unwirksamkeit der Kündigung in seiner bisherigen Stellung festgehalten werde. In manchen Fällen würden auch die Grundsätze der Geschäftsführung ohne Auftrag vor Unzuträglich-

§ 24.

Die Aufgaben des Testamentsvollstreckers.

Der Testamentsvollstrecker hat die letztwilligen Verfügungen des Erblassers zur Ausführung zu bringen (§ 2203), und hat, wenn mehrere Erben vorhanden sind, die Auseinandersetzung unter ihnen nach Maßgabe der §§ 2042—2056 zu bewirken (2204).

Um diese beiden Zwecke erfüllen zu können, hat er die Verwaltung des Nachlasses principiell (§ 2205).

Da der Vollstrecker nicht Vertreter der Erben, sondern des Nachlasses ist, so hat er abweichende Vereinbarungen der Erben nicht zu befolgen, sondern den Willen des Verstorbenen durchzusetzen; er hat Vermächtnisse und Auflagen zu vollziehen, und hat als Herr der Verwaltung allein über wann? und wie? zu bestimmen, ohne die Erben fragen zu müssen.

Entgegen den Motiven des ersten Entwurfs (§ 1897) ist hier das Widerspruchsrecht der Erben gestrichen worden, weil der T. nicht Beauftragter der Erben sei; wenn auch die Protokolle sagen „nicht im gewöhnlichen Sinne", und den T. einen Vertreter der Erben „nicht im strengen Sinne" nennen, so ergeben doch die Consequenzen, daß sie entgegen diesen muthlosen Worten die Vertretung der Erben in keinem Sinn annehmen.

Im Uebrigen enthalten die Motive, eben weil sie nicht den Muth haben, auch im Ausdruck endlich ganz mit der Theorie meiner Gegner von der Erbenvertretung zu brechen, verschiedene schiefe Auffassungen an dieser Stelle. Der Vollstrecker steht nicht neben den Erben, sondern nach dem Gesetz über den Erben. Richtig ist, daß sich das Rechtsverhältniß früher verdunkelte, weil der T. anfangs Eigenthümer war, dann nach Römischem Recht der Erbe Eigenthümer wurde, und dem T. die Rechte

---

keiten schützen." Die letzteren Fälle gibt es nicht. Die negotiorum gestio hat hier nie Raum. Wie sollte für die Verstorbenen utiliter gerirt werden, und die utilitas absentis, die subjective Art, wie der dominus zu handeln pflegt, hier salvirt werden, wo nur ein stabiler „letzter Wille", und kein lebendiger Wille vorliegt. —

bestritt. Aber nach dem Bürgerlichen Gesetzbuch hat der T. den letzten Willen als Verwalter des Nachlasses auszuführen, und darum nicht bei jeder Gelegenheit ängstlich nach dem Erben zu fragen, wenn er nur dem Todten die Treue hält.

Natürlich kann dem Dritten gegenüber der Erbe condiciren, und den Vermächnißnehmer, der vom Vollstrecker zu Unrecht etwas erhalten hat, wegen Bereicherung verklagen. Und selbstverständlich kann jeder Interessirte nach Schluß der Vollstreckung wegen Verschuldung gegen den T. Regreß nehmen. Aber immer ist zu bedenken, daß die Schuld nur in der Verletzung des Willens eines Todten liegen kann. Es ist m. E. durchaus dem Willen des Erblassers wie dem Sinne der Normen widersprechend, wenn die Protocolle zu § 1897 Abs. 2 des 1. Entwurfs sagen, daß der Erbe ein Präventivmittel in der Hand habe eine jede Auszahlung zu hindern, indem er gegen den T. die Feststellungsklage erheben könne, daß er in jedem Moment feststellen lassen könne, daß z. B. eine Berechtigung oder Verpflichtung zur Auszahlung des Legats nicht bestehe. Damit wäre ja das Resultat gegeben, daß der Erbe immerfort klagen könnte, und der Vollstrecker bei jedem Schritt gehemmt wäre, den letzten Willen auszuführen, was das Gesetz doch will, dann wäre ja der Richter der Testamentsvollstrecker, er hätte immer auf Anrufen allein die Entscheidung. Die Protocolle fühlen wohl, daß sie hier irre gehen, sie meinen, man dürfe das den Erben „nicht im Gesetz sagen," um sie nicht „auf den Weg der Klage zu stoßen." Es wird sich in jedem Fall fragen, ob der Erbe ein alsbaldiges Interesse hat, um eine Schuld festzustellen; handelt es sich um Dinge, die einer freien Verwaltung eben unterliegen, so mag er das Ende der Verwaltung abwarten, sonst wird seine Feststellungsklage abgewiesen und er trägt die Kosten.[1] —

---

[1] Die angegriffene Stelle der Protocolle lautet:

„Der Rechtsstellung des T. entspreche es keineswegs, wenn der Erbe in der Lage sei, durch seinen einfachen Widerspruch gegen die Auszahlung von Vermächtnissen die Vollziehung des letzten Willens zu verhindern oder wenigstens aufzuschieben. Die Ausführungen der Motive, wonach dem Erben dieses Recht als Geschäftsherrn zustehen müsse, sei nicht zutreffend.

Anders steht es für den Testamentsvollstrecker. Hier liegt beim Widerspruch des Erben ein Interesse vor, alsbald festzustellen, ob dieser und der spätere Regreß begründet ist, denn der T. soll den letzten Willen ja alsbald ausführen. Der Erbe aber kann sich nicht über die Klage beschweren; widersprach er ohne Gründe, so muß er sie jetzt nennen; waren seine Gründe falsch, so trägt er mit Recht die Folgen seines Widerspruchs, denn der Testator wollte nicht, daß er widerspreche.

Es liegt ferner dem T. die Auseinandersetzung ob; er muß

Der Testamentsvollstrecker sei nicht ein Beauftragter des Erben im gewöhnlichen Sinne des Wortes. Er müsse, wenn im einzelnen Falle ein verständiger Erbe ein Legat auszahlen würde, das Legat selbst gegen den Widerspruch des Erben auszuzahlen berechtigt sein. Handle der Vollstrecker auch nicht als Vertreter des Erben im strengen Sinne des Wortes, so sei der Erbe doch an dessen Handlungen gebunden. Die Condiction stehe natürlich dem Erben unter den gleichen Voraussetzungen zu, unter denen sie der Vollstrecker haben würde. Um nun den Erben vor der Gefahr zu schützen, auf einen unsicheren Bereicherungsanspruch gegenüber dem Vermächtnißnehmer angewiesen zu sein, müsse ihm allerdings ein Präsumtivmittel in die Hand gegeben werden, um die Auszahlung zu verhindern. Ein solches Mittel gewähre ihm die Feststellungsklage. Er könne gegen den Vollstrecker durch Urtheil feststellen lassen, daß eine Berechtigung bezw. Verpflichtung zur Auszahlung des Legates nicht bestehe. Neben der präjudicialen Klage stehe dem Erben auch eine direkte Klage auf Unterlassung der Erfüllung eines Legates zu. Ein solches Klagerecht ergebe sich bereits aus allgemeinen Grundsätzen. Es bestehe kein praktisches Bedürfniß, es besonders im Gesetz zu erwähnen; richtiger sei es vielmehr, den Erben nicht durch eine besondere Vorschrift gewissermaßen auf den Weg der Klage zu stoßen. Ebenso folge schon aus allgemeinen Grundsätzen, daß der T. berechtigt sei, im Wege der Feststellungsklage den widersprechenden Erben zur Aufgabe seines Widerspruchs zu nöthigen. Der T. hat den letzten Willen auszuführen, und diesem entspreche es, daß er in der Regel alsbald nach dem Tode zur Ausführung gelange. Der T. sei andererseits dem Erben für seine Thätigkeit verantwortlich. Zahle er trotz des Widerspruchs des Erben ein Legat aus, so übernehme er immer die Gefahr eines Regresses für den Fall, daß ihm ein Verschulden nachgewiesen werden sollte. Er habe also ein Interesse an der alsbaldigen Feststellung, daß der Widerspruch des Erben unbegründet sei, weil er hierdurch den Erben nöthige, die Gründe für seinen Widerspruch darzulegen, und in die Lage versetzt werde, eine gerichtliche Entscheidung über die Bedeutung dieser Gründe herbeizuführen."

diese vornehmen, auch ohne besondere Anordnung des Erblassers. Die näheren Vorschriften enthalten §§ 2042 bis 2056, auf welche der § 2204 verweist; es sind dort vorzügliche und klare Normen gegeben. Der T. hat die Erben, die die Eigenthümer sind, nach dem Gesetz über den Auseinandersetzungsplan vor der Ausführung zu hören; die Erben können ihm ihre Bedenken mittheilen, und er kann, wenn diese wohl begründet sind, von der Ausführung absehen; auch hier leugne ich, daß der Erbe in jedem Falle eine hindernde Feststellungsklage anstellen kann, und daß immer sein alsbaldiges Interesse vorliegt; denn der T. soll die Theilung alsbald ausführen, und daran könnte ihn jede einstweilige Verfügung neben der Feststellungsklage hindern; auch soll ja doch nicht das Gericht und sein Urtheil theilen, sondern ja eben nur der Vollstrecker. Dies ist wenigstens meine Ansicht.[1] Ich muß abwarten, ob mir deutsche Wissenschaft und deutsche Praxis hier Recht geben werden, denn ich bearbeite ungepflügtes Land. Wenn der Testator über die Art der Auseinandersetzung nichts sagt, so will er, daß jeder Erbe das bekommt, was ihm nach dem Gesetz zusteht. Die Protocolle heben mit Recht hervor, daß der Testator, wenn er die Art der Auseinandersetzung dem billigen Ermessen des T. überlassen wolle, dies besonders bestimmen müsse; und daß auch dann das billige Ermessen des T. seine Schranke an der Willenseinigung der Erben habe; das billige Ermessen entscheide nur insoweit, als eine Einigung unter den Erben nicht erzielt werde. Dies folgt nicht aus einer Vertretung der Erben, sondern m. E. aus der Interpretation des letzten Willens des

[1] Ueber die Pflicht, die Erben zu hören, sagen die Protocolle:

„Die Einsetzung eines T. solle kein Mißtrauensvotum gegenüber den Erben enthalten. Der T. solle auch Berather der Erben sein; zwischen dem T. und den Erben solle volles gegenseitiges Vertrauen herrschen. Diesen Beziehungen entspreche es mehr, wenn der Vollstrecker Legate nicht erfülle, ohne sich vorher mit dem Erben in Einvernehmen gesetzt zu haben. Man braucht hierbei nicht an eine formelle Anzeige zu denken; auch eine gelegentliche zwangslose Rücksprache müsse genügen. Sie liege im eigenen Interesse des T., weil dieser dem Erben aus seiner Amtsführung verantwortlich sei, und deswegen ein Interesse habe, möglichst im Einverständniß mit dem Erben zu handeln." Dem ist nur beizutreten.

Erblassers: das Gesetz zwingt; wer gesetzliche Theilungen will, läßt keinen Raum; billiges Ermessen aber läßt für die Einigung der Erben Raum.

Ueberall ist es der letzte Wille, der dem T. seine Stellung anweist. Entgegen der Construction, die in dem T. ein dem Concursverwalter analoges Institut sieht, sagen die Protocolle, der T. habe eine andere Aufgabe, als der Concursverwalter, im Concurs beruhe das Vertheilungsverfahren auf einer Einigung der Betheiligten, hier aber sei der letzte Wille auszuführen, event. nach pflichtmäßigem Ermessen zu entscheiden; ich füge hinzu: diese Entscheidung steht daher principiell dem T. zu, es ist nicht überall Raum für eine Feststellungsklage und ein Urtheil des Gerichts. — Es ist nach Eccius' einflußreicher und bedeutungsvoller neuester Construction erheblich, die Analogie mit dem Concursverwalter näher zu beleuchten.

In Hahns gesammten Materialien zur Concursordnung heißt es zur Begründung des Entwurfs S. 47 mit Recht: „Man hat lange Zeit für nöthig befunden, die Gesammtheit der Gläubiger als eine juristische Person zu fixiren. Solche Gläubigereinheit ist indeß ein rein theoretisches Gebilde. Die Idee eines Gläubigerkorps ist praktisch werthlos, juristisch nicht haltbar. Die einzelnen Gläubiger bleiben die Rechtssubjecte, mit ihrem eignen Rechte. Sie bilden auch nicht unter sich eine Gesellschaft. Niemand darf präkludirt werden. Wohl aber treten die Gläubiger kraft des Gesetzes in eine Gemeinschaft (communio incidens), in eine zufällige, denn wenn auch die Theilnahme an dem Verfahren dem Belieben eines Jeden überlassen ist, so entsteht doch unabhängig von dem Willen des Einzelnen unter ihnen die rechtliche Gemeinschaft. Diese allerdings ist es, welche das Verhältniß der Concursgläubiger zu einander und das Concursverfahren in Unterscheidung von jedem anderen Vertheilungsverfahren charakterisirt. Das Befriedigungsrecht des Einzelnen erleidet durch den entstandenen Concursanspruch eines Jeden rechtliche Beschränkung."

Es erhellt sofort, daß jede Parallele mit der Testamentsvollstreckung ausgeschlossen ist, hier beschränken sich nicht die Erben unter einander, im Gegentheil ist Jemand ernannt, der sie nach dem Willen des Erblassers befriedigen soll. Sie selbst bilden weder durch das Institut eine Gemeinschaft, noch eine communio incidens. Eine juristische Person ist die Gläubigerschaft nicht, die Testamentsvollstreckung aber erst recht nicht, denn hier gibt es keine Erbengemeinschaft, und der Wille des Verstorbenen läßt keinen Raum für ein korporatives Element unter Lebenden. Eccius, der diesen neusten, mir sehr begreiflichen Versuch gemacht hat, mit Römischer Construction zu arbeiten und das Unmögliche auf germanischem Treu-rechts-Gebiet zu versuchen, spricht ja auch nicht von einer unbedingten Analogie an der genannten, bedeutungsvollen Stelle seines Werkes. Dann aber bleibt die Construction eine Fiction, wie es die quasi-contracte waren, mit denen man die negotiorum gestio construiren wollte. Und dann ist eben die Idee praktisch werthlos.

Der T. ist kein Vertreter eines Lebenden, er vollzieht den Willen eines Todten, den Niemand im Recht vertreten kann. Der Verwalter erscheint neben der Vertretung der „Gläubigerschaft" (communio incidens und keine juristische Person, also keine eigentliche Stellvertretung) zugleich als Vertreter der Masse." Wenn die Begründung des Entwurfs sagt: „d. h. ihres Eigenthümers, des Gemeinschuldners," so ist das falsch, denn eine Stellvertretung einer Person ist eben diese „Vertretung" nicht, weil sie „in dem Concursanspruch der Gläubiger ihren Grund und Zweck hat" (S. 46 bei Jahn) und darin aufgeht. Für die Masse ist für die Gläubiger zu sorgen. Anders liegt es beim Testamentsvollstrecker. Hier würde der Testator vertreten, wenn es eine Vertretung eines Gestorbenen im Recht geben könnte. Da dies nicht der Fall ist, und im Sinne des Verstorbenen für den Nachlaß desselben gesorgt wird, während die Erben nicht nur nicht vertreten sondern beherrscht werden, ist eben Vertretung des Nachlasses das allein alle Schwierigkeiten lösende Wort, das nicht mit Römischer Stellvertretung von meinen Gegnern verwechselt werden sollte, denn wir haben ein germanisches Treuerecht vor uns, das keine Römische Analogie verträgt. —

§ 25.

Die Verfügungsgewalt des Testamentsvollstreckers.

Nach dem Gesetz hat der T. jetzt das Verwaltungsrecht, § 2216, das ordnungsgemäß zu üben ist (§ 2216). M. E. zunächst immer im Sinne des letzten Willens, denn dieser gibt die „Ordnung" an. Nur die zeitliche Grenze der Verwaltung ist durch das Eigenthumsrecht der Erben beschränkt, der T. ist kein Erbe und kein Eigenthümer, er muß daher nach der Erledigung seiner Pflichten den Nachlaß den Erben geben. Während seiner Verwaltung hat er den Nachlaß in Besitz zu nehmen und über die Nachlaßgegenstände zu verfügen; § 2205. Zu den „Gegenständen" gehören natürlich nicht nur Sachen, sondern auch Forderungen, die er daher kündigen und einkassiren kann u. s. w.

Da der Erbe Eigenthümer ist, darf der T. nicht ohne Weiteres freigebig sein; er ist zu unentgeltlichen Verfügungen nur berechtigt, soweit sie einer sittlichen Pflicht oder einer auf den Anstand zu nehmenden Rücksicht entsprechen (§ 2205), z. B. bei den im Gesetzbuch nicht genannten remuneratorischen Schenkungen (§ 534). Wann eine sittliche Pflicht oder eine Anstandsforderung vorliegt, ist Thatfrage, die der T. frei entscheidet. Geht der T. ersichtlich über die Schenkungsgrenze hinaus, so kann der Erbe auf Feststellung oder direkt auf Unterlassung klagen. Hier, wo der T. nicht dem ausgesprochenen und darum alsbald zu erfüllenden Willen des Testators gemäß Legate auszahlt u. s. w., kann das alsbaldige Interesse des Erben daran, daß der Nachlaß nicht zu Unrecht verschenkt wird, immer nach meiner Construction die sofortige Klage rechtfertigen. Das ist praktisch sehr wichtig. — Der T. darf Verbindlichkeiten für den Nachlaß eingehen, soweit die Eingehung zur ordnungsmäßigen (d. h. dem Willen des Verstorbenen gemäßen) Verwaltung erforderlich ist (§ 2206). Der Gläubiger ist dadurch allerdings zur Prüfung der Legitimation gezwungen, er muß sich bei der Eingehung der Verbindlichkeit fragen, ob sie einem Verwaltungszwecke dient. Hat der Testator unbedingtes Vertrauen oder andere Gründe, so kann er anordnen, daß der

T. in der Eingehung von Verbindlichkeiten für den Nachlaß nicht beschränkt sein soll. Aber auch in diesem sehr weit gehenden Falle darf der T. nur nach § 2205 verschenken, da ja sonst die Erben nicht Erben mehr wären, der Erblasser also zugleich etwas wollen und nicht wollen würde.

Die Verfügungsgewalt des T. kann nach § 2208 vom Testator eingeschränkt werden. Ueberweist er seiner Verwaltung nur einzelne Gegenstände, so hat der T. nur diese in Besitz zu nehmen und nur über diese zu verfügen. Soll der T. Verfügungen des Erblassers nicht selbst ausführen, und ist der Erbe dazu im Stande, so kann er die Ausführung vom Erben verlangen; doch ist das natürlich Frage der Interpretation des letzten Willens.

Das gewaltige Recht des T., Verbindlichkeiten für den Nachlaß einzugehen, folgt daraus, daß man dem T. das historische unbeschränkte germanische Verfügungsrecht gegeben hat, und nun seiner Treue auch überlassen muß, pflichtgemäß Verbindlichkeiten für den Nachlaß einzugehen, da er eben diesen vertritt. Wäre die Testamentsvollstreckung eine juristische Person, so wäre dieses Contrahiren neben den Erben gar nicht zu verstehen.

Aus der Verfügungsgewalt des T. folgt logisch die Norm des § 2211. „Ueber einen der Verwaltung des Testamentsvollstreckers unterliegenden Nachlaßgegenstand kann der Erbe nicht verfügen.“ Die Unwirksamkeit der vom Erben getroffenen Verfügung und die Verfügungsbeschränkung des Erben gilt auch im Konkurs über das Vermögen des Erben. Dennoch ist die Unwirksamkeit keine absolute, sie reicht nur soweit, als ihr Zweck reicht: dem Erben die Möglichkeit zu nehmen, die Macht des T. illusorisch zu machen. Es bleiben also bestehen die Vorschriften über Konvaleszenz der unwirksamen Verfügung, § 135; nur den Erben und dem T. gegenüber ist die Verfügung unwirksam, sie ist nicht absolut nichtig, wie bei den Verboten im öffentlichen Interesse. Das Gesetz drückt dies so aus: „Die Vorschriften zu Gunsten derjenigen, welche Rechte von einem Nichtberechtigten herleiten, finden entsprechende Anwendung.“ Es sind hier zu citiren die §§ 932 ff.; durch den

Eigenthumsübergang wird der Erwerber auch dann Eigenthümer, wenn die Sache nicht dem Veräußerer gehört, es sei denn, daß er nicht im guten Glauben war. Der Erwerber ist nicht in gutem Glauben, wenn ihm bekannt oder in Folge grober Fahrlässigkeit unbekannt ist, daß die Sache nicht dem Veräußerer gehört. Für den Verkehr ist hier das Wichtigste, daß der Erwerber, wenn er vom Erben erwirbt, nicht grob fahrlässig handeln darf in Bezug auf dessen Legitimation. Die besonderen Eigenthümlichkeiten, die hier Trennung von Verwaltung und Eigenthum mit sich bringt, lassen auch den Dritten sein Recht verlieren, wenn er die im Verkehr erforderliche Sorgfalt in besonders schwerer Weise außer Acht läßt.

Der Erblasser kann einem T. auch die Verwaltung des Nachlasses übertragen, ohne ihm eine andere Aufgabe als die Verwaltung zuzuweisen (§ 2209). Er kann auch anordnen, daß der T. die Verwaltung nach der Erledigung der ihm sonst zugewiesenen Aufgaben fortzuführen hat, dann hat der T. im Zweifel nach dem Gesetz das Recht, unbeschränkt Verbindlichkeiten für den Nachlaß einzugehen (abgesehen von der Grenze des § 2205).

Hier hat der T. nicht Anordnungen über Auseinandersetzungen zu „verwalten", sondern hat schlechthin zu „verwalten", die Verwaltung ist hier Selbstzweck; so wenn der Erblasser die Absicht hat, dem T. die Stellung eines Familienhaupts zu geben, in dem überaus praktischen Falle, wenn er die Wittwe mit den Kindern zu Erben einsetzt, und Erstere zur Testamentsvollstreckerin ernennt. Eine derartige Bestimmung entspricht dem regelmäßigen Fall der Vollstreckung natürlich nicht; dort ist die Verwaltung nur Folge der anderen Rechte, hier ist sie allein Zweck; dort liegt ihre Art und Weise im letzten Willen ausgedrückt, hier ist sie frei dem T. überlassen. Daher bedurfte es der besonderen Norm.

Wollte man eine derartige Verwaltung nicht zeitlich begrenzen, so würde der Erblasser den anderen Gesetzen entgegen hier frei eine Stiftung oder ein Familienfideikommiß ins Werk setzen können. Daher soll nach § 2210 die Anordnung unwirksam werden, wenn seit dem Erbfalle 30 Jahre verstrichen sind. Der Erblasser kann aber anordnen, daß die Verwaltung bis zum Tode der Erben oder des Vollstreckers oder bis zum Eintritt eines anderen Ereignisses in der Person des einen oder des andern fortdauern soll.

Ist der Erbe eine juristische Person, so bewendet es bei der dreißigjährigen Frist; § 2163, 2.

Wir kommen zu einem Falle, den die Theorie bisher immer übersehen hat, den auch die Protocolle nicht nennen, und der doch sehr praktisch ist, wie er ein Prüfstein der richtigen Theorie ist und bleibt. Die Forderungen der Nachlaßinteressenten nicht allein, auch die rein persönlichen Interessen des Testators hat die Treue des Executors auszuführen. Wenn der Erblasser den Executor anweist, dafür zu sorgen, daß eine den Erben gehörende Bildergallerie dem „Publicum" offen bleibe, so würde diese Pflicht 30 Jahre vom Erbfall ab bestehen, da sie eine reine Verwaltungspflicht ist; sie könnte auch bis zum Tode des T. angeordnet werden, länger nicht. Wollte der Verstorbene längere Dauer, so mußte er eine Stiftung errichten. Wer kann nun auf Offenhaltung klagen? Das „Publicum" jedenfalls nicht, denn es ist Keiner ein Publicum. Wir haben auch nicht die österreichische Testamentsausweisung aufgenommen, und der Staat kann nicht eingreifen. Der Erbe aber hat nach meiner Ansicht ein Interesse daran, daß der T. den letzten Willen erfüllt, und hat ein Klagerecht. Wie nun, wenn Erbe und T. treulos einig sind und die Gallerie schließen? Nach Eccius macht schon der übereinstimmende Wille der Erben hier der Verwaltung ein Ende (S. 471 a. a. O.), nach der Ansicht der Protocolle ist immer noch zu wenig die Vertretung der Erben gestrichen und dieser Fall unentschieden, nach meiner Theorie, die ich im Gesetzbuch wiederfinde, bleibt die Pflicht des T. bestehen. Er kann also wegen Untreue bestraft werden, jeder kann ihn anzeigen. Ist ein engerer Kreis der Interessenten gegeben, soll die Gallerie dem Kunstinteresse einer Stadt dienen, so kann ihn der Magistrat verklagen, wenn auch die Erben einig mit ihm sind, denn er vertritt eben nicht die Erben, sondern den Nachlaß. Es kann diese meine Lehre praktisch sehr wichtig werden. —

§ 26.

Die Legitimation des Testamentsvollstreckers bei Aktivprocessen.

Ein der Verwaltung des T. unterliegendes Recht kann folgerecht nur von T. gerichtlich geltend gemacht werden (§ 2212). Man war nach den Protocollen darüber einig, daß der T. so wie außerhalb des Rechtsstreits so auch innerhalb desselben den Erben solle binden können. Billigkeit und Zweckmäßigkeit sprächen dagegen, dem im Activprozeß ergangenen Urtheil die Wirkung für und gegen die Erben zu versagen. Billig, dem Willen des Erblassers und dem Interesse des Dritten entsprechend, sei es, daß dem Urtheile, soweit es über ein der Verwaltung unterworfenes Recht ergangen sei, Wirkung für und gegen die Erben innewohne.

Hierbei ist das Verwaltungsrecht und nicht das Verfügungsrecht zu betonen, so daß das Urtheil auch dann gegen die Erben wirkt, wenn der Vollstrecker nur einen Theil des Nachlasses verwaltet.

Die Wirkungen über die Rechtskraft dieses Urtheils gehören nicht in dies Buch, sondern ins Civilprozeßrecht. Es sei nur erwähnt, daß nach den Protocollen:

1. in dem Falle, wo das Amt des T. endigt, in dem zwischen einem Dritten und dem T. wegen eines zum Nachlaß gehörenden oder gegen den Nachlaß gerichteten Anspruchs anhängigen Rechtsstreite eine Unterbrechung des Verfahrens nicht eintritt;

2. daß ein Urtheil, das in einem zwischen einem T. und einem Dritten wegen eines zum Nachlaß gehörenden oder wegen eines gegen den Nachlaß gerichteten Anspruchs anhängigen Rechtsstreit ergeht, für und gegen den Erben wirken soll;

3. daß bei einem derartigen Urtheil die Vorschriften einer vollstreckbaren Ausfertigung für und gegen die Erben Anwendung finden;

4. daß dem Erben das Inventarrecht nicht dadurch verloren geht, daß es in einem gegen den T. erlassenen Urtheil nicht vorbehalten ist.

Alle diese civilprozessualen Normen, die in das Proceßgesetz aufgenommen worden, sind unbedingt nöthig, um das Recht des T. in die prozessuale Erscheinung bringen zu können. Wie haben die uns früher gefehlt! — Wenn ein Prozeß über das Erbrecht selbst zu führen ist, so ist der T. legitimirt, wenn dasselbe incidenter Streitgegenstand einer Frage ist, die der T. auskämpfen muß; dasselbe gilt für Prozesse über das Pflichttheilsrecht; dann wirkt das Urtheil nur zwischen dem T. und seinem Gegner. Auch darin ist den Protocollen beizustimmen, daß der Erbschaftsanspruch sonst nur für den Erben und gegen den begründet ist, der auf Grund eines für sich in Anspruch genommenen Erbrechts dem Erben einen Erbschaftsgegenstand vorenthält. Es ist daher auch ohne ausdrückliche Norm des Gesetzes zu sagen, daß der Erbschaftsanspruch den, den Nachlaß, und nicht den Erben, vertretenden T. nicht angeht.

Der Pflichttheilsanspruch richtet sich nur gegen den Erben als gegen den wahren Beklagten. Doch kann sich der Pflichttheilsberechtigte auch zu seiner Befriedigung an den der Testamentsvollstreckung unterworfenen Nachlaß halten wollen; wenn das der Fall ist, so muß, um Verabredungen zwischen dem Erben und dem Pflichttheilsberechtigten zu hindern, welche die Testamentsvollstreckung illusorisch machen können, der Testamentsvollstrecker, der die Verwaltung des verlangten Nachlasses führt, neben dem Erben verklagt werden, dahin, daß er sich die Vollstreckung aus dem Nachlaß gefallen läßt. Dies trotz § 2213 Satz 3.

§ 27.

Die Legitimation des Testamentsvollstreckers zur Führung von Passivprocessen.

Ein Anspruch, der sich gegen den Nachlaß richtet, kann sowohl gegen den Erben, als gegen den Testamentsvollstrecker eingeklagt werden. Der Erbe haftet ja persönlich, aber das gegen ihn errungene Urtheil wirkt nicht gegenüber dem Testamentsvollstrecker. Dagegen wirkt das gegen den Testamentsvollstrecker errungene Urtheil für und gegen den Erben.

Die Protocolle stellen die früher bestrittenen Fragen klar: „Bezüglich der Legitimation des T. zur Führung von Passivprocessen stand fest, 1. daß der T. verklagt werden kann dahin, daß er die Erfüllung aus den seiner Verwaltung unterliegenden Nachlaßgegenständen bewirke, 2. daß jeder Nachlaßgläubiger sich auch an den Erben halten kann, 3. daß das gegen den Erben erwirkte Urtheil dem T. gegenüber unwirksam ist. Streit bestand nur darüber, wie das gegen den T. erstrittene Urtel gegen den Erben wirkt? Man meinte, die Consequenz erfordere es, daß der T. durch seine Processe den Nachlaß verpflichte, daß also das Urtel gegen den Erben wirke. Allein praktische Gründe sprächen gegen die Consequenz, da auch der Erbe Passivprocesse führen könne, könnten durch zwei verschiedene Urtheile unlösbare Complicationen entstehen. Dagegen helfe die Möglichkeit der gleichzeitigen Belangung des Erben und des T. nicht, denn das sei keine Pflicht, und die Streitverkündigung nöthige den Denuntiaten ja nicht zur Nebenintervention. Da man am Princip nicht festhalten könne, sei es gerechtfertigt, positiv zu bestimmen, daß dem Urtheile eine Wirkung gegen den Erben überhaupt nicht zukommt. Damit schaffe man klares Recht. Der Dritte könne es sich überlegen. Genüge ihm der Nachlaß, so brauche er die Wirkung gegen den Erben nicht, genüge ihm die persönliche Haftung des Erben, so brauche er die Haftung des Nachlasses nicht; wolle er aber beides, so mögen auch beide verklagen."

Steht dem Testamentsvollstrecker nicht die Verwaltung des Nachlasses zu, so ist nach dem Gesetz mit Recht die Geltendmachung nur gegen den Erben zulässig. Steht ihm die Verwaltung zu, so wird der Gläubiger m. E. am besten immer beide verklagen, den Erben und den Testamentsvollstrecker, denn dann hat er die persönliche Wirkung gegen den Erben und die Wirkung gegen den Nachlaß, den der Vollstrecker verwaltet; die persönliche Haftung des Erben fällt nach § 1995 nur dann fort, wenn eine Nachlaßpflegschaft angeordnet oder der Nachlaßconcurs eröffnet ist, dann ist es allerdings praktisch, nur den Vollstrecker zu verklagen.

Ein Anspruch, der sich gegen den Nachlaß richtet, kann

vor Annahme der Erbschaft durch den Erben gegen den T. geltend gemacht werden (§§ 2213 und 1958), weil dieser den Nachlaß und nicht die Erben vertritt.

Ein Nachlaßgläubiger, der seinen Anspruch gegen die Erben geltend macht, kann den Anspruch auch gegen den T. dahin geltend machen, daß dieser die Zwangsvollstreckung in die seiner Verwaltung unterliegenden Nachlaßgegenstände dulde. Zur Zwangsvollstreckung in den Nachlaß bedarf es eben eines gegen den T. gerichteten Titels. Mit dem eignen Vermögen haftet der Erbe nur dann, wenn er selbst verklagt ist. Dieses Urtheil gegen den Erben wirkt aber, wie erwähnt, nicht gegen den Nachlaß, den der T. verwaltet, darum muß dieser mit dahin verklagt werden, daß er die Zwangsvollstreckung in den von ihm verwalteten Nachlaß dulde.

Selbstverständlich ist die Norm des § 2214, daß Gläubiger, die nicht zu den Nachlaßgläubigern gehören, sich nicht an die der Verwaltung des T. unterliegenden Nachlaßgegenstände halten können.

Der T. kann die Konkurseröffnung über den Nachlaß beantragen. Die Protokolle bemerken dazu:

„Da man dem Testamentsvollstrecker die Legitimation zur Führung von Passivprocessen werde einräumen müssen, müsse man ihm auch das Recht geben, die Konkurseröffnung zu beantragen. Der Testamentsvollstrecker, welcher sich im Besitz des Nachlasses befinde, sei übrigens wohl auch in der Lage, die Kräfte des Nachlasses zu beurtheilen. Da dem Testamentsvollstrecker das Recht eingeräumt sei, die Konkurseröffnung zu beantragen, erfordere es die Consequenz, ihm auch die Befugniß zu gewähren, das Gläubigeraufgebot zu beantragen."

Es ist klar, daß der T. auch Ansprüche sichern darf, und es fragte sich sehr nach früherem Preußischen Recht, ob er die Eintragung auf einem Nachlaßgrundstück bewilligen könne, ohne daß der Erbe als Eigenthümer eingetragen ist. Denn das Preußische Recht gab nur dem eingetragenen Eigenthümer die Verfügung beim Grundbuche. Das Reichsgericht gab dem T. das Eintragungsrecht, verlangte aber vorher die Herbeiführung der Eintragung des Erben als Eigenthümer. Eccius streicht das letztere Erforderniß, indem er mit Recht an dieser Stelle den Vertreter des Nachlasses scharf von den Erben trennt (Anm. 46 zu § 255 S. 466 B. 4).

Die neue Grundbuchordnung wird hier alle Controversen beseitigen, und klares, deutsches Recht schaffen. In § 41 der Grundbuchordnung heißt es: „Ist derjenige, dessen Recht durch eine Eintragung betroffen wird, Erbe des eingetragenen Berechtigten, so findet die Vorschrift des § 40, 1 (daß die Eintragung nur erfolgen soll, wenn derjenige, dessen Recht durch sie betroffen wird, als der Berechtigte eingetragen ist) eine Anwendung, wenn die Uebertragung oder die Aufhebung des Rechts eingetragen werden soll, oder wenn der Eintragungsantrag durch die Bewilligung des Erblassers oder eines Nachlaßpflegers oder durch einen gegen den Erblasser oder den Nachlaßpfleger vollstreckbaren Titel begründet wird. Das Gleiche gilt für eine Eintragung auf Grund der Bewilligung eines Testamentsvollstreckers oder auf Grund eines gegen diesen vollstreckbaren Titels, sofern die Bewilligung oder der Titel gegen den Erben wirksam ist." Der Grundbuchrichter muß also prüfen, ob die Verfügungsmacht des T. vorhanden ist; §§ 2205—2209, 2213.

An dieser Stelle ist noch zu erwähnen, daß beim Nachlaßgericht der T. den Nachweis der Befugniß zur Verfügung über einen Nachlaßgegenstand nur auf Grund der in den §§ 1507, 2368 des B.G. vorgesehenen Zeugnisse führen kann (§ 36 der Gr.B.O.). Dort in § 2368 ist bestimmt, daß das Nachlaßgericht einem T. auf Antrag ein Zeugniß über die Ernennung zu ertheilen hat. Ist der T. in der Verwaltung des Nachlasses beschränkt oder hat der Erblasser angeordnet, daß der T. in der Eingehung von Verbindlichkeiten für den Nachlaß nicht beschränkt sein soll, so ist dies in dem Zeugniß anzugeben. Ist die Ernennung nicht in einer dem Nachlaßgerichte vorliegenden öffentlichen Urkunde enthalten, so soll vor der Ertheilung des Zeugnisses der Erbe wenn thunlich über die Gültigkeit der Ernennung gehört werden. Die Vorschriften über den Erbschein finden auf das Zeugniß entsprechende Anwendung; mit der Beendigung des Amtes wird das Zeugniß kraftlos.

Die Reichstagskommission hat dem § 36 der Geb.O. den „praktischen" Satz hinzugefügt, daß auf den Nachweis der Befugniß des T. jedoch die Vorschriften des Abs. 1 S. 2 entsprechende Anwendung finden, daß also, wenn die Ernennung auf einer Verfügung von Todeswegen, die in einer öffentlichen Urkunde (Testament, gemeinschaftliches Testament, Erbvertrag) enthalten ist, ruht, es genügt, wenn an Stelle des Erbscheins die Verfügung und das Protocoll über die Eröffnung der Verfügung vorgelegt werden; erachtet das Grundbuchamt die Ernennung durch diese Urkunden nicht für nachgewiesen, so kann es die Vorlegung des Zeugnisses verlangen. Der T. wird also wohl thun, stets sich mit dieser Legitimation zu versehen.

Dem Dritten gegenüber sind diese Normen nicht unbedenklich, wenn der T. treulos ist. Wenn das Zeugniß kraftlos geworden, und das Amt beendet ist, und der untreue T. das Zeugniß weiter benutzt, so ist der Dritte gegen diesen Betrug nicht geschützt. Man hat abweichend vom historischen Recht mit dem Zeugniß eine sonst recht praktische Neuerung eingeführt, und ein Experiment im Recht mit der Schaffung neuer Urkunden versucht; man hat aber vergessen, diese Papiere nach Beendigung des im Verkehr überaus wichtigen Amtes im Interesse der Verkehrssicherheit einziehen zu lassen. Dies ist nöthig und kann nur vergessen sein, denn der Gedanke der Analogie mit dem Erbschein ist doch, eine unbedingte Verkehrssicherheit zu schaffen, da das Gericht die in das Zeugniß zu setzenden Befugnisse prüft, und der Dritte sich darauf verlassen kann, daß der T. diese im Zeugniß stehenden Befugnisse besitzt.

§ 28.

Besondere Verpflichtungen des Testamentsvollstreckers.

Im Interesse der Erben hat der T. unverzüglich nach der Annahme des Amtes den Erben ein Verzeichniß der seiner Verwaltung unterliegenden Nachlaßgegenstände und der bekannten Nachlaßverbindlichkeiten mitzutheilen, und ihnen die zur Aufnahme des Inventars sonst erforderliche Beihülfe zu leisten. Das Verzeichniß hat den Tag der Aufnahme zu ergeben, und ist vom T. zu unterschreiben, auf Verlangen muß diese Unterschrift öffentlich beglaubigt werden. Der Erbe kann bei der Aufnahme des Verzeichnisses zugegen sein (§ 2215). Da das Verzeichniß leicht im Prozeß angefochten wird, kann es der T. durch die zuständige Behörde oder einen zuständigen Beamten oder Notar aufnehmen lassen; auch der Erbe kann das verlangen. Die Kosten der Aufnahme und der Beglaubigung trägt stets der Nachlaß, den der T. vertritt.

Im Allgemeinen muß der T. den Nachlaß ordnungsmäßig verwalten, d. h. nach dem Willen des T. verwalten. Er ist an dessen Anordnungen für die Verwaltung gebunden, durch Treue gebunden. Da der Erblasser todt ist und seinen letzten Willen nicht ändern kann, müßte logisch diese Einschränkung eine absolute sein, und die Treue müßte festhalten und aushalten. Mit einem neuen Experiment im Recht haben jedoch die Protokolle angenommen und ist im Gesetz bestimmt, daß die Anordnungen des Todten auf Antrag des T. oder eines andern Betheiligten von dem Nachlaßgericht außer Macht gesetzt werden können, wenn ihre Befolgung den Nachlaß erheblich gefährden würde. Das Gericht soll vor der Entscheidung soweit thunlich die Betheiligten hören. Man meinte:

„Die Einschränkung des Verwaltungsrechts des T. durch Anordnungen des Erblassers sei keine absolute. Man müsse davon ausgehen, daß der Erblasser mit seinen Anordnungen den Zweck verfolge, seinen Nachlaß möglichst zu erhalten, und nicht beabsichtige, den Nachlaß oder die an ihm interessirten Personen in erheblichem Maaße zu schädigen. Im gegebenen Falle könne indessen die Befolgung einer Anordnung diesen, von dem Erblasser offenbar nicht gewollten Erfolg herbeiführen. Der Grund könne in einer nicht genügenden Geschäftskenntniß, häufig aber auch darin bestehen, daß in der Zeit zwischen Anordnung und deren Vollziehung eine Aenderung der Umstände eingetreten sei. Das Nachlaßgericht müsse ermächtigt werden, derartige Anordnungen außer Kraft zu setzen." Man ist also durchaus nicht soweit gegangen, ein Amt zur objektiven Erhaltung des Nachlasses einzurichten, sondern auch hier handelt es sich nur um Interpretation des letzten Willens für den Nachlaßvertreter.

Auf der Auslegung des letzten Willens allein ruht auch die Norm des § 2217, wonach der T. Nachlaßgegenstände, deren er zur Erfüllung seiner Obliegenheiten offenbar nicht bedarf, den Erben auf Verlangen zur freien Verfügung überlassen soll. Wegen Nachlaßverbindlichkeiten, die nicht auf einem Vermächtniß oder einer Auflage beruhen, sowie wegen bedingter und besagter Vermächtnisse oder Auflagen kann der T. die Ueberlassung der Gegenstände nicht verweigern, wenn der Erbe für die Berichtigung der Verbindlichkeiten oder für die Vollziehung der Vermächtnisse oder Auflagen Sicherheit leistet (§ 2217). Der Erblasser hat nicht gewollt, daß dem Erben der Genuß des Nachlasses länger, als zur Ausführung des letzten Willens nöthig, entzogen werde, und dem Erblasser war es gleichgiltig, ob der Erbe oder der T. erfülle, ihm lag nur daran, daß erfüllt werde, und dafür bietet die Sicherheit Garantie.

§ 29.

Das Rechtsverhältniß zwischen dem Testamentsvollstrecker und dem Erben.

Entgegen meiner Kritik hat das Gesetzbuch den unlogischen und im Grunde falschen Satz wieder aufgenommen, daß auf das Rechtsverhältniß zwischen dem Testamentsvollstrecker und dem Erben die für den Auftrag geltenden Vorschriften der §§ 664—668, 670, 673, 674 „entsprechende Anwendung“ finden, obwohl nicht eine Rechtsidee des Auftrags dem Verhältniß zwischen Eigenthümer und ernanntem Testamentsvollstrecker „entspricht“. Es bleibt uns nur übrig, uns hier mit dem nun einmal geltenden Recht abzufinden.

Wie wenig das Wesen der „positiven Institute“, wie ich es immer wieder betont habe, zur Zeit noch erkannt ist, zeigt der Umstand, daß man in der Kommission „über die Aufnahme der Vorschriften über den Auftrag ohne weitere Erörterung einig war“, man fühlte nicht einmal die logische Verkehrtheit, abgesehen von dem juristischen Irrthum, man lehnte die Vertretung der Erben ab, man nahm ruhig den Auftrag der Erben an. Daß im Reichstag keine Stimme dagegen laut wurde, ist bei der völligen Interessenlosigkeit dieser Instanz heute für reine Rechtsfragen ja erklärlich. Es ist bedauerlich, daß neben den sonst hoch verdienstlichen und in der modernen Welt einzig dastehenden Normen unseres urdeutschen Instituts eine Ungeheuerlichkeit stehen geblieben ist, die einer falschen Theorie entstammt, die, das positive Institut verkennend, Alles aus Verträgen fingiren wollte, und die negotiorum gestio so wenig begriffen hat wie die Testamentsvollstreckung.

Obwohl die Protokolle der zweiten Lesung mit der Stellvertretung der Erben brechen, nehmen sie den Satz der Motive vom Auftrag an (V S. 244), und die Denkschrift findet ebenfalls kein Bedenken (S. 291).

Nun ertheilt aber der Erbe dem T. keinen Auftrag, der T. ist sein Herr, dem der Testator das Handeln vorgeschrieben hat. Das Gesetz schützt diesen letzten Willen und schafft ein positives Institut, wonach der T. den Nachlaß vertritt, obwohl die Erben Eigenthümer sind. Da aber die Erben eben Eigenthümer sind, muß das Gesetz auch ihre Rechte ordnen. Als solche Rechte erscheinen nach dem Gesetzbuche folgende Normen: Der T. darf sein Amt dem Willen des Testators gemäß nicht übertragen, ist es ihm erlaubt, vertritt er nur ein ihm bei der Uebertragung zur Last fallendes Verschulden, für einen Gehülfen ist er verantwortlich. Im Zweifel ist der Anspruch auf Ausführung nicht übertragbar (§ 664). Der T. muß den Erben als Eigenthümern Nachricht und Auskunft geben und Rechenschaft legen; er muß den Eigenthümern Alles, was er erlangt, herausgeben (§§ 666, 667), er hat für sich verwendetes Geld zu verzinsen (§ 668), macht er Aufwendungen, die erforderlich sind, müssen die Erben Ersatz gewähren (§ 670), erlischt das Amt durch Tod, so muß der Erbe des T. anzeigen und fortsetzen nach § 673, erlischt das Amt in anderer Weise als durch Widerruf, so soll es zu Gunsten der Erben fortbestehen, bis der Erbe von dem Erlöschen Kenntniß erlangt oder das Erlöschen kennen muß (§ 674).

Alle diese Normen konnten besonders an geeigneter Stelle gegeben werden, die Bezugnahme auf den Auftrag verwirrt die Theorie, und ist selbstverständlich inconsequent, da die Hauptnormen: §§ 662, 665, 669, 671, 672 doch nicht passen. Verletzt der T. seine Pflichten, so ist er, wenn ihm ein Verschulden zur Last fällt, für den daraus entstehenden Schaden dem Erben, und, soweit ein Vermächtniß zu vollziehen ist, auch dem Vermächtnißnehmer verantwortlich. Dies entspricht dem Willen des Erblassers, der Erben einsetzt und Vermächtnisse gründet.

Obwohl die Protokolle leichten Herzens die Analogie mit dem Vertrage des Auftrags dulden, betonen sie doch, daß keine Analogie mit der Dienstmiethe möglich sei, „da ja kein zweiseitiger Vertrag vorliege". Der Testamentsvollstrecker kann eine angemessene Vergütung verlangen, sofern nicht der Erblasser ein anderes bestimmt hat. Der Erblasser kann den Vollstrecker nicht von den ihm nach §§ 2215, 2216, 2218, 2219 obliegenden Verpflichtungen befreien, denn er hat Erben, hat Eigenthümer des Nachlasses gewollt, und er kann nicht Verschiedenerlei sich Widersprechendes wollen. Dieser Gesichtspunkt der Interpretation, der hier alles klärt, ist wunderbarer Weise bisher nirgend betont worden.

§ 30.

Der Testamentsvollstrecker bei Nacherbfolge.

Der Erblasser kann nach dem Gesetz einen T. auch zu dem Zwecke ernennen, daß dieser bis zu dem Eintritt einer angeordneten Nacherbfolge die Rechte des Nacherben ausübt und dessen Pflichten erfüllt. Man dachte bei § 2222 an die Fälle des § 2338. Hat sich danach ein Abkömmling der Verschwendung schuldig gemacht oder ist er überschuldet, daß der saure Erwerb erheblich gefährdet wird, so kann der Erblasser das Pflichttheilsrecht des Abkömmlings durch die Anordnung beschränken, daß nach dem Tode des Abkömmlings dessen gesetzliche Erben das ihm Hinterlassene oder den ihm gebührenden Pflichttheil als Nacherben oder als Nachvermächtnißnehmer nach dem Verhältniß ihrer gesetzlichen Erbtheile erhalten sollen. Der

Erblasser kann auch für die Lebzeit des Abkömmlings die Verwaltung einem Testamentsvollstrecker übertragen; der Abkömmling hat in einem solchen Falle Anspruch auf den jährlichen Reinertrag.

§ 31.

Der Testamentsvollstrecker zur Ausführung von Beschwerungen.

Selbstverständlich ist es, daß der Testator einen T. auch nur zu dem Zwecke ernennen kann, daß dieser für die Ausführung der einem Vermächtnißnehmer auferlegten Beschwerungen sorgt; denn der Wille des Testators entscheidet allein und ist nicht gebunden. Die Fälle sind selten, ihre Normirung aber ist nöthig.

§ 32.

Mehrere Testamentsvollstrecker.

Leider hat das Gesetzbuch mehrere Testamentsvollstrecker zugelassen; es genügt einer, der sich Gehülfen nehmen kann, aber allein die Verantwortung der Treue trägt. Da nach dem Gesetz mehrere Testamentsvollstrecker das Amt gemeinschaftlich führen, muß bei einer Meinungsverschiedenheit das Nachlaßgericht entscheiden und eine ihm ganz fremde Function ausüben. Fällt ein T. weg, so führen die übrigen das Amt allein. Der Erblasser kann Abweichendes anordnen, kann nach Kreisen theilen, kann den Mehrheitsbeschluß entscheiden lassen. Jeder T. soll ohne die Andern Maßregeln treffen können, die zur Erhaltung eines der gemeinsamen Verwaltung unterliegenden Nachlaßgegenstands nothwendig sind (§ 2224). Mehrere Testamentsvollstrecker, denen ein Verschulden zur Last fällt, haften als Gesammtschuldner (§ 2219).

§ 33.

Das Erlöschen des Testamentsvollstreckeramts.

Das Amt des T. ist unvererblich. Es erlischt mit dem Tode des Vollstreckers, oder wenn ein Fall eintritt, in welchem die Ernennung nach § 2201 unwirksam sein würde, wenn der T. geschäftsunfähig oder in der Geschäftsfähigkeit beschränkt wird, oder nach § 1910 einen Pfleger erhalten hat. Zu Unrecht zählt der Commentar von Fischer und Henle den Fall der Konkurseröffnung über das Vermögen des T. ohne Weiteres hierher; der Antrag, den T. in diesem Falle ohne Weiteres seines Amtes zu entsetzen, ist nach den Protokollen abgelehnt worden; die Thätigkeit des T. sei wesentlich überwachender Natur, wo der Konkurs auf unverschuldetem Unglück ruhe, könne man dem T. diese Thätigkeit lassen.

Allerdings kann das Gericht den T. auf Antrag eines der Betheiligten entlassen, wenn ein wichtiger Grund vorliegt; ein principiell-wichtiger Grund ist aber die Konkurseröffnung nicht; ein wichtiger Grund liegt dagegen immer bei grober Pflichtverletzung oder Unfähigkeit zur ordnungsmäßigen Geschäftsführung vor. Das Nachlaßgericht hat hier officielle Befugnisse (§ 2227), wie es ja auch officiell die Einsicht der nach § 2198, 1 S. 2; § 2199, 3; § 2202, 2; § 2226 Satz 2 abgegebenen Erklärungen Jedem gestatten muß, der ein rechtliches Interesse glaubhaft macht (§ 2228).

§ 34.

Die Beendigung insbesondere durch die Kündigung seitens des Testamentsvollstreckers.

Der Testamentsvollstrecker kann das Amt jederzeit kündigen, und zwar gegenüber dem Nachlaßgerichte. Hätte er Vollmacht von den Erben, wäre diese Consequenz ebenso unmöglich, als wenn er eine juristische Person verwaltete. Unlogisch ist daher die Verweisung auf § 671, Abs. 2, 3; es folgt aus dem Willen des Erblassers, daß nicht zur Unzeit gekündigt werden darf, wenn nicht ein wichtiger Grund vorliegt.

Das Amt ist ein „positives Institut", ein Treueverhältniß gegen den Willen der Verstorbenen, zur Vertretung des Nachlasses. Daher geht die Kündigung an das Nachlaßgericht. Daher hat der T. das freie Kündigungsrecht. Es liegt nicht im Willen des Erblassers, daß der T. Familiensachen offen legt, um die Niederlegung zu motiviren, es liegt auch nicht in seinem Willen, daß ein T. ungern und wider Willen weiter verwaltet. Die Protokolle meinen, „erschwere man die Niederlegung, so werde man geeignete Personen abschrecken, denn das Amt sei mitunter ein undankbares, der Vollstrecker werde nicht selten verdächtigt und der Parteilichkeit geziehen." Es wird bei dem germanischen Treue-Institut Alles darauf ankommen, Jemanden zu wählen, der dem Testator gern die Treue über den Tod hinaus wahrt, und der zugleich mit den Erben das richtige Einvernehmen zu finden weiß. Denn die fehlende Treue kann weder ein Amtszwang, noch die Vergütung, noch eine Strafdrohung ersetzen. —

Das positive Institut ruht eben im letzten Grunde allein auf der Treue, der der Testator vertraut, daß sie seinen letzten Willen vollführe; wenn sie auch der Staat mit Normen umgibt, bindet sie doch kein Vertrag, und von ihr allein hängt es ab, auszuharren.

Daß sie der Staat mit Normen umgibt, hat seinen Grund im Idealismus des deutschen Rechts, dem unser Gesetzbuch, welches Billigkeit, „Treu und Glauben" überall schützt, voll gerecht wird; ich verweise auf S. 13 meiner „Geschäftsführung ohne Auftrag" (1897) und auf die „Auslegung der Rechtsgeschäfte" von Danz (1897). Es wäre eine dankbare Aufgabe, statt vom „Zweck im Recht", vom „Idealismus im deutschen Recht" auf Grund des Gesetzbuchs ein Werk zu schreiben, und darin den „positiven Instituten" mit die Hauptrolle zuzutheilen; jedenfalls gereicht es der neuen Gesetzgebung zur Ehre, daß sie dem idealsten Institute im Rechte, das die Treue über den Tod hinaus schützt, zum ersten Mal einen breiten Raum zugewiesen hat.

§ 35.

Die Bestrafung der Untreue des Testamentsvollstreckers.

Das Rechtsverhältniß der Testamentsvollstreckung ist ein reines Treueverhältniß, seine Verletzung ist daher Untreue. Während aber Vormünder, Kuratoren, Güterpfleger, Sequester,

Massenverwalter von Lebenden eingesetzt worden, und einen ganz bestimmten Kreis vertreten, wird der T. von einem Verstorbenen gewählt, dessen Willen er nach dessen Tode in ganz exorbitanter, einzig dastehender Weise neben den Erben ausführen soll, und vertritt der T. keine ihm überlassene Masse, sondern den Nachlaß, dessen Eigenthümer die Erben sind. Wäre in § 266 des St.G.B. schlechthin die Untreue des T. unter Strafe gestellt, so würde er m. E. nur bestraft werden können, wenn er treulos gegen den Willen des Verstorbenen handelt. Da aber das Gesetz ihn bestraft, wenn er absichtlich zum Nachtheile der seiner Aufsicht anvertrauten Personen oder Sachen handelt, so ist anzunehmen, daß ihm unter Umständen auch das Interesse der Erben „anvertraut" ist, wenn er sie auch nie vertritt; sind sie dann benachtheiligt, so ist der T. strafbar, wenn er das Bewußtsein hatte, daß seine Handlung den Erben zum Nachtheil gereicht. „Anvertraut" können dem T. alle Personen sein, für die der Testator im Testament sorgen will. Auch wenn der T. das Vermögen dieser Personen nur gefährdet, ist schon zum Nachtheil gehandelt, sobald durch die Gefährdung eine nachtheilige Aenderung des gegenwärtigen Vermögensstandes bewirkt wird, nur muß der T. dieser Benachtheiligung und der Rechtswidrigkeit sich bewußt gewesen sein. Der Versuch ist vom Gesetz nicht unter Strafe gestellt, so daß erst, wenn ein Vermögensnachtheil eingetreten ist, Strafe erfolgt. Zu Ehren des Institus ist zu sagen, daß untreue Testamentsvollstrecker selten sind, eben weil sie dem Testator nahe stehen, und noch ganz andere Interessen haben, als z. B. Massenverwalter 2c.; in den Entscheidungen des Reichsgerichts finde ich kein Beispiel. Dagegen findet sich in Goltdammers Archiv 43 S. 53 das Beispiel, daß der T. zum Nachlaß gehörige Werthpapiere deponirt und sie nicht einlöst; der Bankier muß versilbern; es liegt Untreue vor. Handelt der Bankier im Einverständniß mit dem T., so würde er sich, wenn zu seinen Gunsten gehandelt wird, der Mitthäterschaft schuldig machen. Die Strafe ist Gefängniß, daneben Geldstrafe bis 3000 M., wenn die Untreue begangen wird, um sich oder einem Andern einen Vermögensvortheil zu verschaffen.

In den Fällen, wo die anvertrauten Personen benachtheiligt werden, steht neben der Strafe die Civilklage. In den Fällen, wo der T. zum Nachtheile der ihm anvertrauten Sachen handelt, steht unter Umständen neben der Strafe keine Klage, und bleibt Alles sonst der Treue überlassen. Wenn der Testator für Kunstinteressen des Publikums durch den T. sorgt, der gegen kleine Vergütung für sich aus dem Nachlaß eine Bildergalerie des T., die den Erben gehört, offen halten soll, und der T. nimmt Eintrittsgeld und behält es (um den Fall nach § 266 Abs. 4 zu erschweren), so hat das „Publikum" keine Klage; die Erben haben ein Interesse und können klagen; thun sie es nicht, so würde m. E. auf eine Anzeige aus dem Publikum die Staatsanwaltschaft einschreiten und den T. bestrafen müssen. Es ist also richtig, daß in der Möglichkeit dieser Bestrafung eine Handhabe gegen den T. in Fällen liegt, wo er sonst nicht leicht zu fassen ist, aber es ist dies nicht zu überschätzen; Furcht vor Strafe ersetzt die Treue nie, und die erfolgte Bestrafung macht das Treueverhältniß unmöglich. Insbesondere erhellt die Unzulänglichkeit der Strafe bei ethischen Treueforderungen, wie sie ja auch den Ehebruch bestraft ohne der Treue hier helfen zu können, bei der Bestrafung von Unterlassungen. Deren Bestrafung folgt hier aus der Ernennung, aus dem Amte, und wir haben die so schwierigen Fragen der Commissivdelicte durch Unterlassung hier nicht zu lösen, wenn andres sie heut lösbar sind (vergl. hierzu jetzt von Liszt, Lehrbuch des Deutschen Strafrechts, 7. Auflage, S. 112 ff., S. 114 Anm. 3). Die Frage, wann die Unterlassung hier bestraft wird, statt daß geklagt wird, ist eine sehr difficil zu beantwortende. Dem Untreuen gegenüber ist zumal die Handlung ja nicht zu erzwingen; der Treue dagegen handelt aus seinem Charakter heraus, alle seine Handlungen entsprechen demselben Motiv, unterläßt er, so hat er andere Gründe, über die ihm die freie Entscheidung zusteht, die keine ewige Controle des Richters ersetzen kann, oder corrigiren darf.

Anhang.

Das giltige Testament nach Deutschem Reichsrecht.

§ 1.

Einleitung.

Der Erblasser kann den Testamentsvollstrecker nur durch ein Testament ernennen, d. h. durch ein giltiges Testament. Es ist daher praktisch, die Normen über Errichtung und Aufhebung und über das gemeinschaftliche Testament anzufügen. Da es sich hier um Formvorschriften handelt, ist zumeist auf die angedruckten §§ 2229—2243 zu verweisen, die klar und einfach lauten. Hier soll nur ein Ueberblick mit kurzen praktischen Erläuterungen gegeben werden. Direct wichtig für die Lehre von den Testamentsvollstreckern ist der Umstand, daß nach § 2235 der zum T. Ernannte von der Mitwirkung bei der Errichtung eines Testaments nicht ausgeschlossen ist. Wenn ein Notar ein Testament aufnimmt, kann er darin zum T. ernannt werden. Es ist wünschenswerth von dieser Freiheit keinen Gebrauch zu machen, da die Norm der Vertrauensstellung widerspricht, die der T. in jeder Hinsicht besitzen muß; wenn ferner die Gebühr, die dem T. ausgesetzt ist, größer als eine übliche Belohnung ist, so ist der T. in dem Testamente „bedacht" nach § 2235, und soll trotzdem mitwirken; jedenfalls ist dann nur das den üblichen Lohn Ueberschreitende zu streichen.

§ 2.

Die Testirfähigkeit.

Wer ein Testament macht, frage sich zuerst, ob er es rechtlich machen darf, denn er darf es nur persönlich machen. Wer in der Geschäftsfähigkeit beschränkt ist, bedarf zur Errichtung nicht der Zustimmung des gesetzlichen Vertreters. Wer geschäftsunfähig ist, kann auch dies Geschäft nicht verrichten; diese Norm schafft klares Recht, handeln in einem lucidum intervallum gilt hier nichts; dagegen ist in dem Falle, wo ein Entmündigter ein Testament errichtet, bevor der die Entmündigung aussprechende Beschluß unanfechtbar geworden ist, und wo der Entmündigte vor dem Eintritte der Unanfechtbarkeit stirbt, das Testament giltig (§ 2230).

Der Minderjährige kann ein Testament erst machen, wenn er das 16. Jahr vollendet hat. Vom 16. Jahr ab kann er allein testiren.

Wer wegen Geistesschwäche, Verschwendung, Trunksucht entmündigt ist, kann nicht testiren, und seine Unfähigkeit wird auf die Zeit der Stellung des Antrages zurückdatirt, wenn auf Grund dessen die Entmündigung erfolgt. Die Entmündigung des Erblassers wegen der 3 genannten Fehler steht dagegen dem Widerruf eines vor der Entmündigung errichteten Testaments nicht entgegen. Es ist das eine eingefügte Inconsequenz des Gesetzes, die unpraktisch ist.

§ 3.

Die ordentlichen Testamentsformen.

Ein Testament kann in ordentlicher Form 1. vor einem Richter oder einem Notar, 2. durch eine von dem Erblasser unter Angabe des Ortes und des Tages eigenhändig geschriebene und unterschriebene Erklärung errichtet werden. Der Entwurf kannte nur das solenne Testament, die Reichstagscommission fügte das privatschriftliche eigenhändige leider hinzu, das nur die Ursache vieler Prozesse werden wird. Für die Praxis ist nur das solenne Testament zu empfehlen; es ist wünschenswerth, daß da, wo früher nur die Gerichte zuständig waren, die Notare ausgeschlossen werden; vergl. Art. 141 E.G., denn ein Grund zu Neuerungen liegt hier nicht vor; obwohl Verstöße gegen landgesetzliche Notariatsordnungen ohne Einfluß auf das Testament bleiben sollen, ist die Norm unpraktisch (151 E.G.), denn die Aufbewahrung ist unsicherer.

§ 4.

Das öffentliche Testament.

Zur Errichtung des Testaments muß der Richter einen Gerichtsschreiber oder zwei Zeugen, der Notar einen zweiten Notar oder zwei Zeugen zuziehen. Nach dem Landesgesetz kann der Richter nur eine besonders dazu bestellte Urkundsperson beiziehen; 149 E.G. Als Richter, Notar, Gerichtsschreiber, Zeuge, Urkundsperson kann nicht mitwirken: der Gatte des Erblassers, auch wenn die Ehe nicht mehr besteht; wer mit dem Erblasser in gerader Linie oder im zweiten Grade der Seitenlinie verwandt oder verschwägert ist. Als Richter, Notar u. s. w. kann nicht mitwirken, wer in dem Testamente bedacht wird, oder wer zu einem Bedachten in dem soeben genannten Verwandtschaftsverhältnisse steht.

Wirkt eine solche Person mit, so ist nur die Zuwendung an sie nichtig.

Das oben genannte Verwandtschaftsverhältniß zum Richter oder zum beurkundenden Notar, nicht zum zweiten Notar, hindert auch, als Gerichtsschreiber oder zweiter Notar, oder Zeuge mitzuwirken.

Endlich soll als Zeuge bei der Errichtung eines Testaments nicht mitwirken, 1. ein Minderjähriger, 2. wer der bürgerlichen Ehrenrechte für verlustig erklärt ist für die Zeit der Aberkennung, 3. wer nach den Vorschriften der Strafgesetze unfähig ist, als Zeuge eidlich vernommen zu werden, 4. wer als Gesinde oder Gehülfe im Dienst des Richters oder des beurkundenden Notars steht.

Die Testamentserrichtung erfolgt in der Weise, daß der Erblasser dem Richter oder Notar den letzten Willen mündlich erklärt, oder daß er eine Schrift mit der mündlichen Erklärung übergibt, daß die Schrift seinen letzten Willen enthalte. Diese Schrift kann offen oder verschlossen übergeben werden, sie kann vom Erblasser oder einer andern Person geschrieben sein; wer minderjährig ist oder Geschriebenes nicht lesen kann, kann nur mündlich erklären und das Testament mündlich errichten.

An strengen Formvorschriften ist zu erwähnen, daß die bei der Errichtung des Testaments mitwirkenden Personen während der ganzen Verhandlung zugegen sein müssen. Die Entfernung wegen nothwendiger Bedürfnisse, die einer mitwirkenden Person geboten ist, ist nur dann unbedenklich, wenn während des Fortganges mit keinem Worte verhandelt, sondern nicht verhandelt wird. Sonst ist das Testament nichtig, wenn ein Zeuge eine Verhandlung in der Abwesenheit bekundet; es gibt keine „eigentliche" und „uneigentliche" Verhandlung, wie Fischer und Henle zu § 2239 annehmen.

Ueber die Errichtung des Testaments muß ein Protokoll in deutscher Sprache aufgenommen werden. Erklärt der Erblasser, daß er der deutschen Sprache nicht mächtig sei, so muß gemäß § 2244 ein Dolmetscher zugezogen werden. Dazu ist nur zu bemerken, daß jetzt im Interesse des Falles, daß ein guter Uebersetzer fern wohnt, dessen Uebersetzung zwar der Dolmetscher lesen aber nicht leisten kann, der Gelehrte übersetzen kann und der Dolmetscher die Uebersetzung nur beglaubigt und verliest. Leider ist von dem schönen deutschen Grundsatz, daß ein Beamter in Deutschland Deutsch liest und schreibt, in § 2245 eine Ausnahme gemacht worden; wenn sämmtliche mitwirkende Personen ihrer Versicherung nach der Sprache, in der sich der Erblasser erklärt, mächtig sind, ist ein Dolmetscher nicht nöthig, es wird in fremder Sprache das Protokoll aufgenommen und — es „kann" — es heißt nicht einmal „es muß" — eine deutsche Uebersetzung beigefügt werden. Das Protokoll muß enthalten: Ort und Tag der Verhandlung, die Bezeichnung des Erblassers und der mitwirkenden Personen, die nach § 2238 erforderlichen Erklärungen des Erblassers und im Falle der Uebergabe einer Schrift die Feststellung der Uebergabe.

Die „Bezeichnung" des Erblassers genügt; ein Irrthum im Namen macht das Testament nicht nichtig, wenn die Person fest steht.

Das Protokoll muß vorgelesen, von dem Erblasser genehmigt und von ihm eigenhändig unterschrieben werden; das Letztere ist im Protokoll festzustellen. Kann der Erblasser nicht schreiben, so wird seine Unterschrift durch die Feststellung dieser Erklärung im Protokoll ersetzt; ein Handzeichen hilft nicht. Die mitwirkenden Personen müssen das Protokoll alle unterschreiben.

Wer stumm ist oder am Sprechen gehindert ist, kann das Testament nur durch Uebergabe einer Schrift errichten. Er muß dann die Erklärung, daß die Schrift seinen letzten Willen enthalte, bei der Verhandlung eigenhändig in das Protokoll oder eine Anlage schreiben, dieses Niederschreiben und die Ueberzeugung des Richters oder des Notars, daß der Erblasser am Sprechen gehindert ist, muß im Protokolle festgestellt werden. — Es wird dann das Protokoll mit Anlagen, also vor Allem mit der etwa übergebenen Niederschrift des Testaments, vom Richter oder dem Notar in Gegenwart der Mitwirkenden und des Erblassers mit dem Amtssiegel verschlossen, mit einer das Testament bezeichnenden Aufschrift, die vom Richter oder Notar zu unterschreiben ist, versehen, und in besondere amtliche Verwahrung gebracht. Dem Erblasser soll ein Hinterlegungsschein ertheilt werden.

§ 5.

Das Privat- oder eigenhändige Testament.

Wer minderjährig ist oder wer Geschriebenes nicht lesen kann, kann nicht nach § 2231, 2 testiren. Das Privattestament ist auf Verlangen des Erblassers in amtliche Verwahrung zu nehmen. Der Erblasser kann es immer zurückverlangen, ohne daß es unwirksam wird.

Es ist zu wünschen, daß diese unsichere Form nicht allzu oft angewandt wird.

§ 6.

Die außerordentlichen Testamentsformen.

Neben der Zulassung des Privattestaments treten die außerordentlichen Formen mehr zurück. Wenn zu befürchten ist, daß der Erblasser früher sterben werde, als die Errichtung vor Richter oder Notar möglich ist, so kann er vor dem Vorsteher der Gemeinde (des Verbands, des Gutsbezirks) testiren, der 2 Zeugen mit den erforderlichen Fähigkeiten zuziehen muß. Es muß in dem Protokolle die Besorgniß festgestellt werden, daß die Errichtung vor Richter oder Notar nicht mehr möglich war. War diese Besorgniß nicht begründet, gilt das Testament doch.

Wer sich an einem wegen Krankheit oder außerordentlichen Umständen abgesperrten Orte befindet, so daß Richter und Notar schwer zu erlangen sind, kann wie im Falle des Dorftestaments oder durch mündliche Erklärung vor 3 Zeugen testiren. Ueber die Errichtung muß ein Protokoll nach dem Gesetz errichtet werden; es ist gleich, wer diese Urkunde aufnimmt, wenn einer der Zeugen die Urkunde als Protokoll gelten läßt und sich dieselbe aneignet.

Wer sich während einer Seereise an Bord eines Deutschen nicht zur Kaiserl. Marine gehörenden Fahrzeugs außerhalb eines inländischen Hafens befindet, kann mündlich vor 3 Zeugen testiren. Auf die Marineangehörigen finden nach A. 44 des E.G. die Normen des Soldatentestaments Anwendung, die sich in § 44 des G. vom 2. Mai 1874 finden.

Die 3 außerordentlichen Testamente gelten als nicht errichtet, wenn seit der Errichtung 3 Monate verstrichen sind und der Testator noch lebt. Beginn und Lauf der Frist sind gehemmt, solange der Erblasser außer Stande ist, ein Testament vor Richter oder Notar zu errichten.

§ 7.

Der Widerruf letztwilliger Verfügungen.

Das Testament wie jede Verfügung darin ist immer widerruflich. Der Widerruf erfolgt durch Testament, oder dadurch, daß der Testator das Testament in der Absicht, es aufzuheben, vernichtet oder ändert, so daß die Veränderung als Aufhebung erscheint. Ein solennes Testament gilt als widerrufen, wenn die Urkunde aus der amtlichen Verwahrung dem Erblasser zurückgegeben wird. Wird der Widerruf widerrufen, so gilt die Verfügung fort. Wird ein neues Testament errichtet, so wird ein früheres soweit aufgehoben, als das spätere mit dem früheren in Widerspruch steht; wird dann das spätere widerrufen, so gilt das frühere weiter.

§ 8.

Die Testamentseröffnung.

Wer ein Testament im Besitz hat, muß es dem Nachlaßgericht geben, sobald er vom Tode des Erblassers Kenntniß hat. Das Nachlaßgericht bestimmt einen Termin zur Eröffnung und ladet die gesetzlichen Erben und sonstige Betheiligte „soweit thunlich.“ Im Termine wird das Testament eröffnet, verkündet, ev. vorgelegt. Darüber wie über den Verschluß des Testaments und die Feststellung der Unversehrtheit wird ein Protokoll aufgenommen. Hat ein anderes Gericht als das Nachlaßgericht das Testament in Verwahrung, so eröffnet dieses, und sendet es dem Nachlaßgericht zu. Das Nachlaßgericht setzt die Betheiligten, die nicht bei der Eröffnung zugegen waren, vom Inhalt in Kenntniß. Wer später ein rechtliches Interesse glaubhaft macht, kann das Testament einsehen und Abschrift fordern.

§ 9.

Das gemeinschaftliche Testament.

Da das gemeinschaftliche Testament zu vielen Prozessen stets Anlaß gegeben hat, ist es auf Ehegatten beschränkt worden, germanischer Uebung entsprechend. Hier wo ich es im Anhange nur mit den Anführungen der Formen, und nicht, wie bei den „Testamentsvollstreckern,“ mit wissenschaftlicher Abhandlung zu thun habe, ist nur zu sagen, daß es als Dorftestament auch dann errichtet werden kann, wenn die Voraussetzungen nur auf Seiten eines Gatten vorliegen; daß beim eigenhändigen Privattestament es genügt, wenn ein Ehegatte in der vorgeschriebenen Form errichtet und der andere die Erklärung beifügt, daß das Testament auch als sein Testament gelten solle, und diese Erklärung unter Angabe des Orts und Tages eigenhändig schreibt und unterschreibt. Der Widerruf des einen Verfügenden hebt im Zweifel die Verfügungen des andern auf, also auch die einseitige Ernennung eines Testamentsvollstreckers. Die weiteren Vorschriften interessiren hier nicht.[1]

[1] Es ist fraglich geworden, ob die Landesgesetze nach Art. 141 E.G. entweder die Gerichte oder die Notare ausschließen können. Professor Stammler erklärte in seinen Hallenser Vorträgen auf Anfrage eines Notars, daß Art. 141 das Gebiet der freiwilligen Gerichtsbarkeit dem Landesrecht lasse, und daß darum die Notare nach Preuß. Landrecht keine Testamente aufnehmen könnten. Ich meine, daß es bei der dreifachen Möglichkeit des § 2231 doch recht zweifelhaft ist, ob nicht hier überall Reichsrecht gilt. Die Gesetzgebung muß hier Zweifel beseitigen, was auch Stammler für sehr wünschenswerth hielt.

Beilage.

Die Rechtsquellen.

I. Die Normen des Bürgerlichen Gesetzbuchs über die Testamentsvollstrecker.

§ 2197.

Der Erblasser kann durch Testament einen oder mehrere Testamentsvollstrecker ernennen.

Der Erblasser kann für den Fall, daß der ernannte Testamentsvollstrecker vor oder nach der Annahme des Amtes wegfällt, einen anderen Testamentsvollstrecker ernennen.

§ 2198.

Der Erblasser kann die Bestimmung der Person des Testamentsvollstreckers einem Dritten überlassen. Die Bestimmung erfolgt durch Erklärung gegenüber dem Nachlaßgerichte; die Erklärung ist in öffentlich beglaubigter Form abzugeben.

Das Bestimmungsrecht des Dritten erlischt mit dem Ablauf einer ihm auf Antrag eines der Betheiligten von dem Nachlaßgerichte bestimmten Frist.

§ 2199.

Der Erblasser kann den Testamentsvollstrecker ermächtigen, einen oder mehrere Mitvollstrecker zu ernennen.

Der Erblasser kann den Testamentsvollstrecker ermächtigen, einen Nachfolger zu ernennen.

Die Ernennung erfolgt nach § 2198 Absatz 1 Satz 2.

§ 2200.

Hat der Erblasser in dem Testamente das Nachlaßgericht ersucht, einen Testamentsvollstrecker zu ernennen, so kann das Nachlaßgericht die Ernennung vornehmen.

Das Nachlaßgericht soll vor der Ernennung die Betheiligten hören, wenn es ohne erhebliche Verzögerung und ohne unverhältnißmäßige Kosten geschehen kann.

§ 2201.

Die Ernennung des Testamentsvollstreckers ist unwirksam, wenn er zu der Zeit, zu welcher er das Amt anzutreten hat, geschäftsunfähig oder in der Geschäftsfähigkeit beschränkt ist oder nach § 1910 zur Besorgung seiner Vermögensangelegenheiten einen Pfleger erhalten hat.

§ 2202.

Das Amt des Testamentsvollstreckers beginnt mit dem Zeitpunkt, in welchem der Ernannte das Amt annimmt.

Die Annahme sowie die Ablehnung des Amtes erfolgt durch Erklärung gegenüber dem Nachlaßgerichte. Die Erklärung kann erst nach dem Eintritte des Erbfalls abgegeben werden; sie ist unwirksam, wenn sie unter einer Bedingung oder einer Zeitbestimmung abgegeben wird.

Das Nachlaßgericht kann dem Ernannten auf Antrag eines der Betheiligten eine Frist zur Erklärung über die Annahme bestimmen. Mit dem Ablaufe der Frist gilt das Amt als abgelehnt, wenn nicht die Annahme vorher erklärt wird.

§ 2203.

Der Testamentsvollstrecker hat die letztwilligen Verfügungen des Erblassers zur Ausführung zu bringen.

§ 2204.

Der Testamentsvollstrecker hat, wenn mehrere Erben vorhanden sind, die Auseinandersetzung unter ihnen nach Maßgabe der §§ 2042 bis 2056 zu bewirken.

Der Testamentsvollstrecker hat die Erben über den Auseinandersetzungsplan vor der Ausführung zu hören.

§ 2205.

Der Testamentsvollstrecker hat den Nachlaß zu verwalten. Er ist insbesondere berechtigt, den Nachlaß in Besitz zu nehmen und über die Nachlaßgegenstände zu verfügen. Zu unentgeltlichen Verfügungen ist er nur berechtigt, soweit sie einer sittlichen Pflicht oder einer auf den Anstand zu nehmenden Rücksicht entsprechen.

§ 2206.

Der Testamentsvollstrecker ist berechtigt, Verbindlichkeiten für den Nachlaß einzugehen, soweit die Eingehung zur ordnungsmäßigen Verwaltung erforderlich ist. Die Verbindlichkeit zu einer Verfügung über einen Nachlaßgegenstand kann der Testamentsvollstrecker für den Nachlaß auch dann eingehen, wenn er zu der Verfügung berechtigt ist.

Der Erbe ist verpflichtet, zur Eingehung solcher Verbindlichkeiten seine Einwilligung zu ertheilen, unbeschadet des Rechtes, die Beschränkung seiner Haftung für die Nachlaßverbindlichkeiten geltend zu machen.

§ 2207.

Der Erblasser kann anordnen, daß der Testamentsvollstrecker in der Eingehung von Verbindlichkeiten für den Nachlaß nicht beschränkt sein soll. Der Testamentsvollstrecker ist auch in einem solchen Falle zu einem Schenkungsversprechen nur nach Maßgabe des § 2205 Satz 3 berechtigt.

§ 2208.

Der Testamentsvollstrecker hat die in den §§ 2203 bis 2206 bestimmten Rechte nicht, soweit anzunehmen ist, daß sie ihm nach dem Willen des Erblassers nicht zustehen sollen. Unterliegen der Verwaltung des Testamentsvollstreckers nur einzelne Nachlaßgegenstände, so stehen ihm die im § 2205 Satz 2 bestimmten Befugnisse nur in Ansehung dieser Gegenstände zu.

Hat der Testamentsvollstrecker Verfügungen des Erblassers nicht selbst zur Ausführung zu bringen, so kann er die Ausführung von dem Erben verlangen, sofern nicht ein anderer Wille des Erblassers anzunehmen ist.

§ 2209.

Der Erblasser kann einem Testamentsvollstrecker die Verwaltung des Nachlasses übertragen, ohne ihm andere Aufgaben als die Verwaltung zuzuweisen; er kann auch anordnen, daß der Testamentsvollstrecker die Verwaltung nach der Erledigung der ihm sonst zugewiesenen Aufgaben fortzuführen hat. Im Zweifel ist anzunehmen, daß einem solchen Testamentsvollstrecker die im § 2207 bezeichnete Ermächtigung ertheilt ist.

§ 2210.

Eine nach § 2209 getroffene Anordnung wird unwirksam, wenn seit dem Erbfalle dreißig Jahre verstrichen sind. Der Erblasser kann jedoch anordnen, daß die Verwaltung bis zum Tode des Erben oder des Testamentsvollstreckers oder bis zum Eintritt eines anderen Ereignisses in der Person des einen oder des anderen fortdauern soll. Die Vorschriften des § 2163 Absatz 2 finden entsprechende Anwendung.

§ 2211.

Ueber einen der Verwaltung des Testamentsvollstreckers unterliegenden Nachlaßgegenstand kann der Erbe nicht verfügen.

Die Vorschriften zu Gunsten derjenigen, welche Rechte von einem Nichtberechtigten herleiten, finden entsprechende Anwendung.

§ 2212.

Ein der Verwaltung des Testamentsvollstreckers unterliegendes Recht kann nur von dem Testamentsvollstrecker gerichtlich geltend gemacht werden.

§ 2213.

Ein Anspruch, der sich gegen den Nachlaß richtet, kann

sowohl gegen den Erben als gegen den Testamentsvollstrecker gerichtlich geltend gemacht werden. Steht dem Testamentsvollstrecker nicht die Verwaltung des Nachlasses zu, so ist die Geltendmachung nur gegen den Erben zulässig. Ein Pflichttheilsanspruch kann, auch wenn dem Testamentsvollstrecker die Verwaltung des Nachlasses zusteht, nur gegen den Erben geltend gemacht werden.

Die Vorschrift des § 1958 findet auf den Testamentsvollstrecker keine Anwendung.

Ein Nachlaßgläubiger, der seinen Anspruch gegen den Erben geltend macht, kann den Anspruch auch gegen den Testamentsvollstrecker dahin geltend machen, daß dieser die Zwangsvollstreckung in die seiner Verwaltung unterliegenden Nachlaßgegenstände dulde.

§ 2214.

Gläubiger des Erben, die nicht zu den Nachlaßgläubigern gehören, können sich nicht an die der Verwaltung des Testamentsvollstreckers unterliegenden Nachlaßgegenstände halten.

§ 2215.

Der Testamentsvollstrecker hat dem Erben unverzüglich nach der Annahme des Amtes ein Verzeichniß der seiner Verwaltung unterliegenden Nachlaßgegenstände und der bekannten Nachlaßverbindlichkeiten mitzutheilen und ihm die zur Aufnahme des Inventars sonst erforderliche Beihülfe zu leisten.

Das Verzeichniß ist mit der Angabe des Tages der Aufnahme zu versehen und von dem Testamentsvollstrecker zu unterzeichnen; der Testamentsvollstrecker hat auf Verlangen die Unterzeichnung öffentlich beglaubigen zu lassen.

Der Erbe kann verlangen, daß er bei der Aufnahme des Verzeichnisses zugezogen wird.

Der Testamentsvollstrecker ist berechtigt und auf Verlangen des Erben verpflichtet, das Verzeichniß durch die zuständige Behörde oder durch einen zuständigen Beamten oder Notar aufnehmen zu lassen.

Die Kosten der Aufnahme und der Beglaubigung fallen dem Nachlasse zur Last.

§ 2216.

Der Testamentsvollstrecker ist zur ordnungsmäßigen Verwaltung des Nachlasses verpflichtet.

Anordnungen, die der Erblasser für die Verwaltung durch letztwillige Verfügung getroffen hat, sind von dem Testamentsvollstrecker zu befolgen. Sie können jedoch auf Antrag des Testamentsvollstreckers oder eines anderen Betheiligten von dem Nachlaßgericht außer Kraft gesetzt werden, wenn ihre Befolgung den Nachlaß erheblich gefährden würde. Das Gericht soll vor der Entscheidung soweit thunlich die Betheiligten hören.

§ 2217.

Der Testamentsvollstrecker hat Nachlaßgegenstände, deren er zur Erfüllung seiner Obliegenheiten offenbar nicht bedarf, dem Erben auf Verlangen zur freien Verfügung zu überlassen. Mit der Ueberlassung erlischt sein Recht zur Verwaltung der Gegenstände.

Wegen Nachlaßverbindlichkeiten, die nicht auf einem Vermächtniß oder einer Auflage beruhen, sowie wegen bedingter und betagter Vermächtnisse oder Auflagen kann der Testamentsvollstrecker die Ueberlassung der Gegenstände nicht verweigern, wenn der Erbe für die Berichtigung der Verbindlichkeiten oder für die Vollziehung der Vermächtnisse oder Auflagen Sicherheit leistet.

§ 2218.

Auf das Rechtsverhältniß zwischen dem Testamentsvollstrecker und dem Erben finden die für den Auftrag geltenden Vorschriften der §§ 664, 666 bis 668, 670, des § 673 Satz 2 und des § 674 entsprechende Anwendung.

Bei einer länger dauernden Verwaltung kann der Erbe jährlich Rechnungslegung verlangen.

§ 2219.

Verletzt der Testamentsvollstrecker die ihm obliegenden Verpflichtungen, so ist er, wenn ihm ein Verschulden zur Last fällt, für den daraus entstehenden Schaden dem Erben und, soweit ein Vermächtniß zu vollziehen ist, auch dem Vermächtnißnehmer verantwortlich.

Mehrere Testamentsvollstrecker, denen ein Verschulden zur Last fällt, haften als Gesammtschuldner.

§ 2220.

Der Erblasser kann den Testamentsvollstrecker nicht von dem ihm nach den §§ 2215, 2216, 2218, 2219 obliegenden Verpflichtungen befreien.

§ 2221.

Der Testamentsvollstrecker kann für die Führung seines Amtes eine angemessene Vergütung verlangen, sofern nicht der Erblasser ein Anderes bestimmt hat.

§ 2222.

Der Erblasser kann einen Testamentsvollstrecker auch zu dem Zwecke ernennen, daß dieser bis zu dem Eintritt einer angeordneten Nacherbfolge die Rechte des Nacherben ausübt und dessen Pflichten erfüllt.

§ 2223.

Der Erblasser kann einen Testamentsvollstrecker auch zu dem Zwecke ernennen, daß dieser für die Ausführung der einem Vermächtnißnehmer auferlegten Beschwerungen sorgt.

§ 2224.

Mehrere Testamentsvollstrecker führen das Amt gemeinschaftlich; bei einer Meinungsverschiedenheit entscheidet das Nachlaßgericht. Fällt einer von ihnen weg so führen die Uebrigen das Amt allein. Der Erblasser kann abweichende Anordnungen treffen.

Jeder Testamentsvollstrecker ist berechtigt, ohne Zustimmung der anderen Testamentsvollstrecker diejenigen Maßregeln zu treffen, welche zur Erhaltung eines der gemeinschaftlichen Verwaltung unterliegenden Nachlaßgegenstandes nothwendig sind.

§ 2225.

Das Amt des Testamentsvollstreckers erlischt, wenn er

stirbt oder wenn ein Fall eintritt, in welchem die Ernennung nach § 2201 unwirksam sein würde.

§ 2226.

Der Testamentsvollstrecker kann das Amt jederzeit kündigen. Die Kündigung erfolgt durch Erklärung gegenüber dem Nachlaßgerichte. Die Vorschriften des § 671 Absatz 2, 3 finden entsprechende Anwendung.

§ 2227.

Das Nachlaßgericht kann den Testamentsvollstrecker auf Antrag eines der Betheiligten entlassen, wenn ein wichtiger Grund vorliegt; ein solcher Grund ist insbesondere grobe Pflichtverletzung oder Unfähigkeit zur ordnungsmäßigen Geschäftsführung.

Der Testamentsvollstrecker soll vor der Entlassung wenn thunlich gehört werden.

§ 2228.

Das Nachlaßgericht hat die Einsicht der nach § 2198 Absatz 1 Satz 2, § 2199 Absatz 3, § 2202 Absatz 2, § 2226 Satz 2 abgegebenen Erklärungen Jedem zu gestatten, der ein rechtliches Interesse glaubhaft macht.

II. Die Normen des Bürgerlichen Gesetzbuchs über Errichtung und Aufhebung eines Testaments.

§ 2229.

Wer in der Geschäftsfähigkeit beschränkt ist, bedarf zur Errichtung eines Testaments nicht der Zustimmung seines gesetzlichen Vertreters.

Ein Minderjähriger kann ein Testament erst errichten, wenn er das sechszehnte Lebensjahr vollendet hat.

Wer wegen Geistesschwäche, Verschwendung oder Trunksucht entmündigt ist, kann ein Testament nicht errichten. Die Unfähigkeit tritt schon mit der Stellung des Antrags ein, auf Grund dessen die Entmündigung erfolgt.

§ 2230.

Hat ein Entmündigter ein Testament errichtet, bevor der die Entmündigung aussprechende Beschluß unanfechtbar geworden ist, so steht die Entmündigung der Gültigkeit des Testaments nicht entgegen, wenn der Entmündigte noch vor dem Eintritte der Unanfechtbarkeit stirbt.

Das Gleiche gilt, wenn der Entmündigte nach der Stellung des Antrags auf Wiederaufhebung der Entmündigung ein Testament errichtet und die Entmündigung dem Antrage gemäß wieder aufgehoben wird.

§ 2231.

Ein Testament kann in ordentlicher Form errichtet werden:

1. vor einem Richter oder vor einem Notar;
2. durch eine von dem Erblasser unter Angabe des Ortes und Tages eigenhändig geschriebene und unterschriebene Erklärung.

§ 2232.

Für die Errichtung eines Testaments vor einem Richter oder vor einem Notar gelten die Vorschriften der §§ 2233 bis 2246.

§ 2233.

Zur Errichtung des Testaments muß der Richter einen Gerichtsschreiber oder zwei Zeugen, der Notar muß einen zweiten Notar oder zwei Zeugen zuziehen.

§ 2234.

Als Richter, Notar, Gerichtsschreiber oder Zeuge kann bei der Errichtung des Testaments nicht mitwirken:

1. der Ehegatte des Erblassers, auch wenn die Ehe nicht mehr besteht;
2. wer mit dem Erblasser in gerader Linie oder im zweiten Grade der Seitenlinie verwandt oder verschwägert ist.

§ 2235.

Als Richter, Notar, Gerichtsschreiber oder Zeuge kann bei der Errichtung des Testaments nicht mitwirken, wer in dem

Testamente bedacht wird oder wer zu einem Bedachten in einem Verhältnisse der im § 2234 bezeichneten Art steht.

Die Mitwirkung einer hiernach ausgeschlossenen Person hat nur zur Folge, daß die Zuwendung an den Bedachten nichtig ist.

§ 2236.

Als Gerichtsschreiber oder zweiter Notar oder Zeuge kann bei der Errichtung des Testaments nicht mitwirken, wer zu dem Richter oder dem beurkundenden Notar in einem Verhältnisse der im § 2234 bezeichneten Art steht.

§ 2237.

Als Zeuge soll bei der Errichtung eines Testaments nicht mitwirken:

1. ein Minderjähriger;
2. wer der bürgerlichen Ehrenrechte für verlustig erklärt ist, während der Zeit, für welche die Aberkennung der Ehrenrechte erfolgt ist;
3. wer nach den Vorschriften der Strafgesetze unfähig ist, als Zeuge eidlich vernommen zu werden;
4. wer als Gesinde oder Gehülfe im Dienste des Richters oder des beurkundenden Notars steht.

§ 2238.

Die Errichtung des Testaments erfolgt in der Weise, daß der Erblasser dem Richter oder dem Notar seinen letzten Willen mündlich erklärt oder eine Schrift mit der mündlichen Erklärung übergiebt, daß die Schrift seinen letzten Willen enthalte. Die Schrift kann offen oder verschlossen übergeben werden. Sie kann von dem Erblasser oder von einer anderen Person geschrieben sein.

Wer minderjährig ist oder Geschriebenes nicht zu lesen vermag, kann das Testament nur durch mündliche Erklärung errichten.

§ 2239.

Die bei der Errichtung des Testaments mitwirkenden Personen müssen während der ganzen Verhandlung zugegen sein.

§ 2240.

Ueber die Errichtung des Testaments muß ein Protokoll in deutscher Sprache aufgenommen werden.

§ 2241.

Das Protokoll muß enthalten:

1. Ort und Tag der Verhandlung;
2. die Bezeichnung des Erblassers und der bei der Verhandlung mitwirkenden Personen;
3. die nach § 2238 erforderlichen Erklärungen des Erblassers und im Falle der Uebergabe einer Schrift die Feststellung der Uebergabe.

§ 2242.

Das Protokoll muß vorgelesen, von dem Erblasser genehmigt und von ihm eigenhändig unterschrieben werden. Im Protokolle muß festgestellt werden, daß dies geschehen ist. Das Protokoll soll dem Erblasser auf Verlangen auch zur Durchsicht vorgelegt werden.

Erklärt der Erblasser, daß er nicht schreiben könne, so wird seine Unterschrift durch die Feststellung dieser Erklärung im Protokoll ersetzt.

Das Protokoll muß von den mitwirkenden Personen unterschrieben werden.

§ 2243.

Wer nach der Ueberzeugung des Richters oder des Notars stumm oder sonst am Sprechen verhindert ist, kann das Testament nur durch Uebergabe einer Schrift errichten. Er muß die Erklärung, daß die Schrift seinen letzten Willen enthalte, bei der Verhandlung eigenhändig in das Protokoll oder auf ein besonderes Blatt schreiben, das dem Protokoll als Anlage beigefügt werden muß.

Das eigenhändige Niederschreiben der Erklärung sowie die Ueberzeugung des Richters oder des Notars, daß der Erblasser am Sprechen verhindert ist, muß im Protokolle festgestellt werden. Das Protokoll braucht von dem Erblasser nicht besonders genehmigt zu werden.

§ 2244.

Erklärt der Erblasser, daß er der deutschen Sprache nicht mächtig sei, so muß bei der Errichtung des Testaments ein vereideter Dolmetscher zugezogen werden. Auf den Dolmetscher finden die nach den §§ 2234 bis 2237 für einen Zeugen geltenden Vorschriften entsprechende Anwendung.

Das Protokoll muß in die Sprache, in der sich der Erblasser erklärt, übersetzt werden. Die Uebersetzung muß von dem Dolmetscher angefertigt oder beglaubigt und vorgelesen werden; die Uebersetzung muß dem Protokoll als Anlage beigefügt werden.

Das Protokoll muß die Erklärung des Erblassers, daß er der deutschen Sprache nicht mächtig sei, sowie den Namen des Dolmetschers und die Feststellung enthalten, daß der Dolmetscher die Uebersetzung angefertigt oder beglaubigt und sie vorgelesen hat. Der Dolmetscher muß das Protokoll unterschreiben.

§ 2245.

Sind sämmtliche mitwirkende Personen ihrer Versicherung nach der Sprache, in der sich der Erblasser erklärt, mächtig, so ist die Zuziehung eines Dolmetschers nicht erforderlich.

Unterbleibt die Zuziehung eines Dolmetschers, so muß das Protokoll in der fremden Sprache aufgenommen werden und die Erklärung des Erblassers, daß er der deutschen Sprache nicht mächtig sei, sowie die Versicherung der mitwirkenden Personen, daß sie der fremden Sprache mächtig seien, enthalten. Eine deutsche Uebersetzung soll als Anlage beigefügt werden.

§ 2246.

Das über die Errichtung des Testaments aufgenommene Protokoll soll nebst Anlagen, insbesondere im Falle der Errichtung durch Uebergabe einer Schrift nebst dieser Schrift, von dem Richter oder dem Notar in Gegenwart der übrigen mitwirkenden Personen und des Erblassers mit dem Amtssiegel verschlossen, mit einer das Testament näher bezeichnenden Aufschrift, die von dem Richter oder dem Notar zu unterschreiben ist, versehen und in besondere amtliche Verwahrung gebracht werden.

Dem Erblasser soll über das in amtliche Verwahrung genommene Testament ein Hinterlegungsschein ertheilt werden.

§ 2247.

Wer minderjährig ist oder Geschriebenes nicht zu lesen vermag, kann ein Testament nicht nach § 2231 Nr. 2 errichten.

§ 2248.

Ein nach § 2231 Nr. 2 errichtetes Testament ist auf Verlangen des Erblassers in amtliche Verwahrung zu nehmen. Die Vorschrift des § 2246 Abs. 2 findet Anwendung.

§ 2249.

Ist zu besorgen, daß der Erblasser früher sterben werde, als die Errichtung eines Testaments vor einem Richter oder vor einem Notar möglich ist, so kann er das Testament vor dem Vorsteher der Gemeinde, in der er sich aufhält, oder, falls er sich in dem Bereich eines durch Landesgesetz einer Gemeinde gleichgestellten Verbandes oder Gutsbezirkes aufhält, vor dem Vorsteher dieses Verbandes oder Bezirkes errichten. Der Vorsteher muß zwei Zeugen zuziehen. Die Vorschriften der §§ 2234 bis 2246 finden Anwendung; der Vorsteher tritt an die Stelle des Richters oder des Notars.

Die Besorgniß, daß die Errichtung eines Testaments vor einem Richter oder vor einem Notar nicht mehr möglich sein werde, muß im Protokolle festgestellt werden. Der Gültigkeit des Testaments steht nicht entgegen, daß die Besorgniß nicht begründet war.

§ 2250.

Wer sich an einem Orte aufhält, der in Folge des Ausbruchs einer Krankheit oder in Folge sonstiger außerordentlicher Umstände dergestalt abgesperrt ist, daß die Errichtung eines Testaments vor einem Richter oder vor einem Notar nicht möglich oder erheblich erschwert ist, kann das Testament in der durch den § 2249 Abs. 1 bestimmten Form oder durch mündliche Erklärung vor drei Zeugen errichten.

Wird die mündliche Erklärung vor drei Zeugen gewählt,

so muß über die Errichtung des Testaments ein Protokoll aufgenommen werden. Auf die Zeugen finden die Vorschriften der §§ 2234, 2235 und des § 2237 Nr. 1 bis 3, auf das Protokoll finden die Vorschriften der §§ 2240 bis 2242, 2245 Anwendung. Unter Zuziehung eines Dolmetschers kann ein Testament in dieser Form nicht errichtet werden.

§ 2251.

Wer sich während einer Seereise an Bord eines deutschen, nicht zur Kaiserlichen Marine gehörenden Fahrzeugs außerhalb eines inländischen Hafens befindet, kann ein Testament durch mündliche Erklärung vor drei Zeugen nach § 2248 errichten.

§ 2252.

Ein nach § 2249, § 2250 oder § 2251 errichtetes Testament gilt als nicht errichtet, wenn seit der Errichtung drei Monate verstrichen sind und der Erblasser noch lebt.

Beginn und Lauf der Frist sind gehemmt, solange der Erblasser außer Stande ist, ein Testament vor einem Richter oder vor einem Notar zu errichten.

Tritt im Falle des § 2251 der Erblasser vor dem Ablaufe der Frist eine neue Seereise an, so wird die Frist dergestalt unterbrochen, daß nach der Beendigung der neuen Reise die volle Frist von neuem zu laufen beginnt.

Wird der Erblasser nach dem Ablaufe der Frist für todt erklärt, so behält das Testament seine Kraft, wenn die Frist zu der Zeit, zu welcher der Erblasser den vorhandenen Nachrichten zufolge noch gelebt hat, noch nicht verstrichen war.

§ 2253.

Ein Testament sowie eine einzelne in einem Testament enthaltene Verfügung kann von dem Erblasser jederzeit widerrufen werden.

Die Entmündigung des Erblassers wegen Geistesschwäche, Verschwendung oder Trunksucht steht dem Widerruf eines vor der Entmündigung errichteten Testaments nicht entgegen.

§ 2254.

Der Widerruf erfolgt durch Testament.

§ 2255.

Ein Testament kann auch dadurch widerrufen werden, daß der Erblasser in der Absicht, es aufzuheben, die Testamentsurkunde vernichtet oder an ihr Veränderungen vornimmt, durch die der Wille, eine schriftliche Willenserklärung aufzuheben, ausgedrückt zu werden pflegt.

Hat der Erblasser die Testamentsurkunde vernichtet oder in der bezeichneten Weise verändert, so wird vermuthet, daß er die Aufhebung des Testaments beabsichtigt habe.

§ 2256.

Ein vor einem Richter oder vor einem Notar oder nach § 2249 errichtetes Testament gilt als widerrufen, wenn die in amtliche Verwahrung genommene Urkunde dem Erblasser zurückgegeben wird.

Der Erblasser kann die Rückgabe jederzeit verlangen. Die Rückgabe darf nur an den Erblasser persönlich erfolgen.

Die Vorschriften des Absatz 2 gelten auch für ein nach § 2248 hinterlegtes Testament; die Rückgabe ist auf die Wirksamkeit des Testaments ohne Einfluß.

§ 2257.

Wird der durch Testament erfolgte Widerruf einer letztwilligen Verfügung widerrufen, so ist die Verfügung wirksam, wie wenn sie nicht widerrufen worden wäre.

§ 2258.

Durch die Errichtung eines Testaments wird ein früheres Testament insoweit aufgehoben, als das spätere Testament mit dem früheren in Widerspruch steht.

Wird das spätere Testament widerrufen, so ist das frühere Testament in gleicher Weise wirksam, wie wenn es nicht aufgehoben worden wäre.

§ 2259.

Wer ein Testament, das nicht in amtliche Verwahrung gebracht ist, im Besitze hat, ist verpflichtet, es unverzüglich, nachdem er von dem Tode des Erblassers Kenntniß erlangt hat, an das Nachlaßgericht abzuliefern.

Befindet sich ein Testament bei einer anderen Behörde als einem Gericht oder befindet es sich bei einem Notar in amtlicher Verwahrung, so ist es nach dem Tode des Erblassers an das Nachlaßgericht abzuliefern. Das Nachlaßgericht hat, wenn es von dem Testamente Kenntniß erlangt, die Ablieferung zu veranlassen.

§ 2260.

Das Nachlaßgericht hat, sobald es von dem Tode des Erblassers Kenntniß erlangt, zur Eröffnung eines in seiner Verwahrung befindlichen Testaments einen Termin zu bestimmen. Zu dem Termine sollen die gesetzlichen Erben des Erblassers und die sonstigen Betheiligten soweit thunlich geladen werden.

In dem Termin ist das Testament zu öffnen, den Betheiligten zu verkünden und ihnen auf Verlangen vorzulegen. Die Verkündung darf im Falle der Vorlegung unterbleiben.

Ueber die Eröffnung ist ein Protokoll aufzunehmen. War das Testament verschlossen, so ist in dem Protokolle festzustellen, ob der Verschluß unversehrt war.

§ 2261.

Hat ein anderes Gericht als das Nachlaßgericht das Testament in amtlicher Verwahrung, so liegt dem anderen Gerichte die Eröffnung des Testaments ob. Das Testament ist nebst einer beglaubigten Abschrift des über die Eröffnung aufgenommenen Protokolls dem Nachlaßgerichte zu übersenden; eine beglaubigte Abschrift des Testaments ist zurückzubehalten.

§ 2262.

Das Nachlaßgericht hat die Betheiligten, welche bei der Eröffnung des Testaments nicht zugegen gewesen sind, von dem sie betreffenden Inhalte des Testaments in Kenntniß zu setzen.

§ 2263.

Eine Anordnung des Erblassers, durch die er verbietet, das Testament alsbald nach seinem Tode zu eröffnen, ist nichtig.

§ 2264.

Wer ein rechtliches Interesse glaubhaft macht, ist berechtigt, von einem eröffneten Testament Einsicht zu nehmen sowie eine Abschrift des Testaments oder einzelner Theile zu fordern; die Abschrift ist auf Verlangen zu beglaubigen.

III. Die Normen des Bürgerlichen Gesetzbuchs über das gemeinschaftliche Testament.

§ 2265.

Ein gemeinschaftliches Testament kann nur von Ehegatten errichtet werden.

§ 2266.

Ein gemeinschaftliches Testament kann nach § 2249 auch dann errichtet werden, wenn die Voraussetzung des § 2249 nur auf Seiten eines der Ehegatten vorliegt.

§ 2267.

Zur Errichtung eines gemeinschaftlichen Testaments nach § 2231 Nr. 2 genügt es, wenn einer der Ehegatten das Testament in der dort vorgeschriebenen Form errichtet und der andere Ehegatte die Erklärung beifügt, daß das Testament auch als sein Testament gelten solle. Die Erklärung muß unter Angabe des Ortes und Tages der Ausstellung eigenhändig geschrieben und unterschrieben werden.

§ 2268.

Ein gemeinschaftliches Testament ist in den Fällen des § 2077 [1] seinem ganzen Inhalte nach unwirksam.

Wird die Ehe vor dem Tode eines der Ehegatten aufgelöst oder liegen die Voraussetzungen des § 2077 Absatz 1

[1] § 2077:

Eine letztwillige Verfügung, durch die der Erblasser seinen Ehegatten bedacht hat, ist unwirksam, wenn die Ehe nichtig oder wenn sie vor dem Tode des Erblassers aufgelöst worden ist. Der Auflösung der Ehe steht es gleich, wenn der Erblasser zur Zeit seines Todes auf Scheidung wegen Verschuldens des Ehegatten zu klagen berechtigt war und die Klage auf Scheidung oder auf Aufhebung der ehelichen Gemeinschaft erhoben hatte. — Eine letztwillige Verfügung, durch die der Erblasser seinen Verlobten bedacht hat, ist unwirksam, wenn das Verlöbniß vor dem Tode des Erblassers aufgelöst worden ist. — Die Verfügung ist nicht unwirksam, wenn anzunehmen ist, daß der Erblasser sie auch für einen solchen Fall getroffen haben würde.

Satz 2 vor, so bleiben die Verfügungen insoweit wirksam, als anzunehmen ist, daß sie auch für diesen Fall getroffen sein würden.

§ 2269.

Haben die Ehegatten in einem gemeinschaftlichen Testamente, durch das sie sich gegenseitig als Erben einsetzen, bestimmt, daß nach dem Tode des Ueberlebenden der beiderseitige Nachlaß an einen Dritten fallen soll, so ist im Zweifel anzunehmen, daß der Dritte für den gesammten Nachlaß als Erbe des zuletzt versterbenden Ehegatten eingesetzt ist.

Haben die Ehegatten in einem solchen Testament ein Vermächtniß angeordnet, das nach dem Tode des Ueberlebenden erfüllt werden soll, so ist im Zweifel anzunehmen, daß das Vermächtniß dem Bedachten erst mit dem Tode des Ueberlebenden anfallen soll.

§ 2270.

Haben die Ehegatten in einem gemeinschaftlichen Testamente Verfügungen getroffen, von denen anzunehmen ist, daß die Verfügung des einen nicht ohne die Verfügung des anderen getroffen sein würde, so hat die Nichtigkeit oder der Widerruf der einen Verfügung die Unwirksamkeit der anderen zur Folge.

Ein solches Verhältniß der Verfügungen zu einander ist im Zweifel anzunehmen, wenn sich die Ehegatten gegenseitig bedenken oder wenn dem einen Ehegatten von dem anderen eine Zuwendung gemacht und für den Fall des Ueberlebens des Bedachten eine Verfügung zu Gunsten einer Person getroffen wird, die mit dem anderen Ehegatten verwandt ist oder ihm sonst nahe steht.

Auf andere Verfügungen als Erbeinsetzungen, Vermächtnisse oder Auflagen findet die Vorschrift des Absatzes 1 keine Anwendung.

§ 2271.

Der Widerruf einer Verfügung, die mit einer Verfügung des anderen Ehegatten in dem im § 2270 bezeichneten Verhältnisse steht, erfolgt bei Lebzeiten der Ehegatten nach den für den Rücktritt von einem Erbvertrage geltenden Vorschriften des § 2296. Durch eine neue Verfügung von Todeswegen kann ein Ehegatte bei Lebzeiten des anderen seine Verfügung nicht einseitig aufheben.

Das Recht zum Widerruf erlischt mit dem Tode des anderen Ehegatten; der Ueberlebende kann jedoch seine Verfügung aufheben, wenn er das ihm Zugewendete ausschlägt. Auch nach der Annahme der Zuwendung ist der Ueberlebende zur Aufhebung nach Maßgabe des § 2294 und des § 2336 berechtigt.

Ist ein pflichttheilsberechtigter Abkömmling der Ehegatten oder eines der Ehegatten bedacht, so findet die Vorschrift des § 2289 Absatz 2 entsprechende Anwendung.

§ 2272.

Ein gemeinschaftliches Testament kann nach § 2256 nur von beiden Ehegatten zurückgenommen werden.

§ 2273.

Bei der Eröffnung eines gemeinschaftlichen Testaments sind die Verfügungen des überlebenden Ehegatten, soweit sie sich sondern lassen, weder zu verkünden noch sonst zur Kenntniß der Betheiligten zu bringen. Von den Verfügungen des verstorbenen Ehegatten ist eine beglaubigte Abschrift anzufertigen. Das Testament ist wieder zu verschließen und in die besondere amtliche Verwahrung zurückzubringen.

IV. Die Denkschrift in Betreff der Testamentsvollstrecker.

Nach der herrschenden Auffassung des Gemeinen und des Preußischen Rechtes (vergl. A. L. R. I, 12 § 557) sowie nach dem Sächsischen Gesetzbuche (§§ 2237, 2238) liegt dem Testamentsvollstrecker die Ausführung des letzten Willens ob; zur Verwaltung des Nachlasses ist er nur berechtigt, wenn sie ihm vom Erblasser übertragen worden ist. Wie die Erfahrung zeigt, wird aber der Testamentsvollstrecker vom Erblasser in der Regel auch mit der Auseinandersetzung unter den Miterben sowie, behufs Durchführung seiner Obliegenheiten, mit der Verwaltung des Nachlasses betraut. Unter solchen Umständen erscheint es gerechtfertigt, wenn der Entwurf dem Testamentsvollstrecker nicht nur die Ausführung der letztwilligen Verfügungen des Erblassers (§ 2177), sondern auch die Auseinandersetzung zwischen den Miterben (§ 2178) als gesetzliche Aufgaben zuweist und ihm zum Zwecke der Erledigung dieser Aufgaben die Verwaltung des Nachlasses (§ 2179) einräumt.

Der Erblasser kann aber (§ 2183) einem Testamentsvollstrecker die Verwaltung des Nachlasses übertragen, ohne ihm andere Aufgaben als die Verwaltung zuzuweisen; er kann auch anordnen, daß der Testamentsvollstrecker die Verwaltung nach der Erledigung der ihm sonst zugewiesenen Aufgaben fortzuführen hat. Die Zulässigkeit einer solchen Testamentsvollstreckung ist durch das Bedürfniß geboten und demgemäß schon von der Praxis des Gemeinen und des Preußischen Rechtes anerkannt. In ihrer Tragweite kommt diese Art der Testamentsvollstreckung wegen der damit für den Erben verbundenen Beschränkungen der Anorduung einer Nacherbschaft sehr nahe, und der Entwurf (§ 2184 Satz 1) bestimmt daher im Anschluß an die für die Nacherbschaft geltenden Vorschriften als Regel, daß die so getroffene Anordnung unwirksam wird, wenn seit dem Erbfalle dreißig Jahre verstrichen sind. Der Erblasser kann jedoch anordnen, daß ohne Rücksicht auf den Ablauf der dreißigjährigen Frist die Verwaltung des Testamentsvollstreckers bis zum Tode des Erben oder des Testamentsvollstreckers oder bis zum Eintritt eines anderen Ereignisses in der Person des einen oder des anderen fortdauern soll (§ 2184 Satz 2). Ist eine juristische Person als Erbe oder als Testamentsvollstrecker berufen, so muß es unter allen Umständen bei der dreißigjährigen Frist bewenden (§ 2184 Satz 3), da sonst der Zweck der Vorschrift sich durch Umgehung vereiteln ließe.

Der Erblasser kann einem Testamentsvollstrecker auch die Aufgabe zuweisen, bis zum Eintritt einer angeordneten Nacherbfolge die Rechte des Nacherben auszuüben und dessen Pflichten zu erfüllen (§ 2196). Dieses Recht ist namentlich für die Fälle der Enterbung aus guter Absicht (§ 2311) von Wichtigkeit. Endlich kann der Erblasser einen Testamentsvollstrecker zu dem Zwecke ernennen, daß dieser für die Ausführung der einem Vermächtnißnehmer auferlegten Beschwerungen sorgt (§ 2197).

Kraft seines gesetzlichen Verwaltungsrechts ist der Testamentsvollstrecker namentlich befugt, den Nachlaß in Besitz zu nehmen und über die Nachlaßgegenstände zu verfügen (§ 2179 Satz 1, 2). Diese Befugnisse sind für ihn zur Erfüllung seiner Aufgaben unentbehrlich und werden auch durch die Sicherheit des Rechtsverkehrs gefordert. Für unentgeltliche Verfügungen bietet aber die Verwaltung des Testamentsvollstreckers in der Regel keinen Raum; zur Vornahme solcher Verfügungen ist er nur berechtigt, soweit sie einer sittlichen Pflicht oder einer auf den Anstand zu nehmenden Rücksicht entsprechen (§ 2179 Satz 3). Die Verwaltung des Nachlasses wird, wenngleich sie lediglich den vorübergehenden Zweck hat, die schwebenden Geschäfte abzuwickeln und gegebenenfalls die zur Vertheilung des Nachlasses erforderlichen Mittel herbeizuschaffen, unter Umständen selbst die Eingehung neuer Verbindlichkeiten nothwendig machen. Von dem Entwurfe (§ 2180 Abs. 1) wird daher dem Testamentsvollstrecker die Befugniß zur Eingehung derartiger Verbindlichkeiten beigelegt, jedoch nur insoweit, als die Eingehung zur ordnungsmäßigen Verwaltung erforderlich ist oder als die Verbindlichkeit auf eine Verfügung über einen Nachlaßgegenstand sich richtet, zu welcher der Testamentsvollstrecker berechtigt ist. Dieser Vorbehalt kann allerdings dem Testamentsvollstrecker im rechtsgeschäftlichen Verkehre mit Dritten Schwierigkeiten bereiten. Mit Rücksicht hierauf verpflichtet der Entwurf (§ 2180 Abs. 2) den Erben, zur Eingehung solcher Verbindlichkeiten seine Einwilligung zu ertheilen, übrigens unbeschadet des Rechtes, die Beschränkung seiner Haftung für die Nachlaßverbindlichkeiten geltend zu machen. Dem Erblasser bleibt unbenommen, seinerseits anzuordnen, daß der Testamentsvollstrecker in der Eingehung von Verbindlichkeiten für den Nachlaß nicht beschränkt sein soll; auch in einem solchen Falle ist aber der Testamentsvollstrecker zu einem Schenkungsversprechen nur berechtigt, soweit es sich um eine sittliche Pflicht oder eine auf den Anstand zu nehmende Rücksicht handelt (§ 2181). Hat der Erblasser dem Testamentsvollstrecker die Verwaltung des Nachlasses übertragen, ohne ihm andere Aufgaben als die Verwaltung zuzuweisen, oder hat er angeordnet, daß der

Testamentsvollstrecker die Verwaltung nach Erledigung der sonst ihm zugewiesenen Aufgaben weiterführen soll (§ 2183 Satz 1), so liegt dem Testamentsvollstrecker eine Thätigkeit ob, bei der die Beschränkung des Rechtes zur Eingehung von Verbindlichkeiten ein fortwährendes Hemmniß bilden würde. Nach dem Entwurfe (§ 2183 Satz 2) soll daher hier im Zweifel angenommen werden, daß der Erblasser jene Beschränkung beseitigt habe.

Die Auseinandersetzung zwischen einer Mehrheit von Erben hat der Testamentsvollstrecker nach Maßgabe der allgemeinen Vorschriften (§§ 2017 bis 2031) zu bewirken; er soll jedoch die Erben über den Auseinandersetzungsplan hören (§ 2178).

Der Erblasser kann wie die gesetzlichen Aufgaben (§§ 2177, 2178), so auch die gesetzlichen Verwaltungsbefugnisse des Testamentsvollstreckers einschränken (§ 2182 Abs. 1 Satz 1). Unterliegen der Verwaltung des Testamentsvollstreckers nur einzelne Nachlaßgegenstände, so steht ihm das Recht zum Besitz und zur Verfügung nur in Ansehung dieser Gegenstände zu (§ 2182 Abs. 1 Satz 2). Hat der Testamentsvollstrecker Verfügungen des Erblassers nicht selbst zur Ausführung zu bringen, so kann er die Ausführung von den Erben verlangen, sofern nicht ein anderer Wille des Erblassers anzunehmen ist (§ 2182 Abs. 2).

Soweit das Verwaltungsrecht das Testamentsvollstreckers reicht, darf der Erbe sich nicht in der Lage befinden, seinerseits einzugreifen, da er sonst, entgegen dem Willen des Erblassers, die Erledigung der dem Testamentsvollstrecker zugewiesenen Aufgaben zu vereiteln vermöchte. Der Entwurf (§ 2185) bestimmt daher, daß der Erbe über einen der Verwaltung des Testamentsvollstreckers unterliegenden Nachlaßgegenstand nicht verfügen kann; die Vorschriften wegen des Schutzes gutgläubiger Dritter finden übrigens auch hier Anwendung.

Zufolge seines Verwaltungsrechts ist der Testamentsvollstrecker befugt, die seiner Verwaltung unterliegenden Rechte gerichtlich geltend zu machen; insoweit muß daher dem Erben das Recht der Prozeßführung versagt bleiben (§ 2186). Durch eine Ergänzung der Civilproceßordnung wird klarzustellen sein, daß das Urtheil, welches in einem Rechtsstreite zwischen einem

Testamentsvollstrecker und einem Dritten über ein der Verwaltung des Testamentsvollstreckers unterliegendes Recht ergeht, für und gegen den Erben wirkt.

Inwieweit ein Anspruch, der sich gegen den Nachlaß richtet, gegen den Testamentsvollstrecker gerichtlich geltend gemacht werden kann, ist nach den bestehenden Rechten bestritten. Nach dem Entwurf (§ 2187 Satz 2) ist, wenn dem Testamentsvollstrecker nicht die Verwaltung des Nachlasses zusteht, die Geltendmachung nur gegen den Erben zulässig. Steht dagegen die Verwaltung dem Testamentsvollstrecker zu, so kann der Anspruch sowohl gegen den Erben als gegen den Testamentsvollstrecker verfolgt werden (§ 2187 Abs. 1 Satz 1). Den Erbschaftsgläubigern ist damit ein Weg geboten, ihre Forderungen gegen denjenigen einzuklagen, der die Mittel zu ihrer Befriedigung in Händen hat. Entsprechend der Praxis des Gemeinen und des Preußischen Rechtes erleidet übrigens die bezeichnete Befugniß der Gläubiger eine Ausnahme durch die Bestimmung, daß ein Pflichttheilsanspruch, auch wenn dem Testamentsvollstrecker die Verwaltung des Nachlasses zusteht, nur gegen den Erben geltend gemacht werden kann (§ 2187 Abs. 1 Satz 3). Die Vertretung des Nachlasses gegen einen solchen Anspruch liegt außerhalb der Aufgaben des Testamentsvollstreckers. Im Anschluß an die erörterten Vorschriften wird in der Civilproceßordnung zu bestimmen sein, daß, wenn dem Testamentsvollstrecker die Verwaltung des Nachlasses zusteht, das Urtheil, welches in einem Rechtsstreite zwischen ihm und einem Dritten über einen gegen den Nachlaß gerichteten Anspruch ergeht, für und gegen den Erben wirkt und daß zur Zwangsvollstreckung in den Nachlaß ein gegen den Testamentsvollstrecker vollstreckbares Urtheil erforderlich und genügend ist.

Das Recht, einen den Nachlaß betreffenden Anspruch gegen den Erben selbst zu verfolgen, bleibt dem Gläubiger unter allen Umständen gewahrt. Er bedarf dieses Rechtes namentlich dann, wenn über die Verwaltungsbefugniß des Testamentsvollstreckers, etwa wegen der Fassung der letztwilligen Anordnung (vergl. § 2182), Zweifel bestehen, sowie wenn er den Anspruch gegen das eigene Vermögen des Erben verfolgen will.

Auf der anderen Seite kann aber das gegen den Erben ergangene Urtheil insoweit, als der Nachlaß der Verwaltung des Testamentsvollstreckers unterliegt, nicht unmittelbar zur Zwangsvollstreckung in die Nachlaßgegenstände führen, da sonst das Recht des Testamentsvollstreckers, ausschließlich über diese Gegenstände zu verfügen (§ 2185), beeinträchtigt würde. Der Entwurf (§ 2187 Abs. 3) hat daher eine Vorschrift aufgenommen, wonach ein Nachlaßgläubiger, der seinen Anspruch gegen den Erben geltend macht, den Anspruch auch gegen den Testamentsvollstrecker dahin geltend machen kann, daß dieser die Zwangsvollstreckung in die seiner Verwaltung unterliegenden Nachlaßgegenstände dulde. Die nähere Regelung wird in der Civilproceßordnung zu erfolgen haben.

Was die Gläubiger des Erben betrifft, die nicht zu den Nachlaßgläubigern gehören, so können sie sich überhaupt nicht an die der Verwaltung des Testamentsvollstreckers unterliegenden Nachlaßgegenstände halten (§ 2188), weil anderenfalls der Testamentsvollstrecker in der Erfüllung seiner Aufgaben behindert werden würde.

Der Testamentsvollstrecker ist den Betheiligten gegenüber zur ordnungsmäßigen Verwaltung verpflichtet (§ 2190 Abs. 1). Bei Führung der Verwaltung hat er Anordnungen, die der Erblasser durch letztwillige Verfügung getroffen hat, zu befolgen (§ 2190 Abs. 2 Satz 1). Solche Anordnungen können jedoch auf Antrag des Testamentsvollstreckers oder eines anderen Betheiligten von dem Nachlaßgericht außer Kraft gesetzt werden, wenn ihre Befolgung den Nachlaß erheblich gefährden würde (§ 2190 Abs. 2 Satz 2 und 3).

Im Uebrigen bestimmen sich (§ 2192 Abs. 1) die Verpflichtungen des Testamentsvollstreckers gegenüber dem Erben in der Hauptsache nach den für den Auftrag geltenden Vorschriften der §§ 651, 653 bis 655. Der Testamentsvollstrecker ist demgemäß insbesondere verpflichtet, dem Erben Auskunft über den Stand der Testamentsvollstreckung zu ertheilen sowie nach der Beendigung derselben Rechenschaft abzulegen und dem Erben Alles, was er aus der Testamentsvollstreckung erlangt hat, herauszugeben (§ 2192 Abs. 1 vergl. mit §§ 653, 654);

bei einer länger dauernden Verwaltung kann jedoch der Erbe jährliche Rechnungslegung fordern (§ 2192 Abs. 2). Mit Rücksicht auf die spätere Rechnungslegung und Herausgabe ist der Testamentsvollstrecker verbunden, dem Erben unverzüglich nach der Annahme des Amtes ein Verzeichniß der seiner Verwaltung unterliegenden Nachlaßgegenstände mitzutheilen (§ 2189 Abs. 1). Verletzt der Testamentsvollstrecker seine Verpflichtungen, so ist er, wenn ihm ein Verschulden zur Last fällt, für den daraus entstehenden Schaden dem Erben, soweit ein Vermächtniß zu vollziehen ist, auch dem Vermächtnißnehmer verantwortlich (§ 2193). Zum Schutze des Erben ist ausdrücklich vorgesehen, daß der Erblasser den Testamentsvollstrecker nicht von den ihm nach den §§ 2189, 2190, 2192, 2193 obliegenden Verpflichtungen befreien kann (§ 2194).

Nachlaßgegenstände, deren der Testamentsvollstrecker zur Erfüllung seiner Obliegenheiten offenbar nicht bedarf, hat er dem Erben auf dessen Verlangen schon vor der Beendigung seines Amtes zur freien Verfügung zu überlassen (§ 2191 Abs. 1). Diese Pflicht ergiebt sich aus dem Zwecke der ganzen Einrichtung von selbst. Sie hindert an sich den Testamentsvollstrecker nicht, die Auslieferung von Nachlaßgegenständen aus dem Grunde zu verweigern, weil noch Nachlaßverbindlichkeiten zu berichtigen sind. Dadurch kann aber die Auslieferung auf ungemessene Zeit hinausgeschoben werden, wenn es sich um Verbindlichkeiten, die nicht auf einem Vermächtniß oder einer Auflage beruhen, sowie um bedingte und betagte Vermächtnisse oder Auflagen handelt. Der Entwurf (§ 2191 Abs. 2) bestimmt daher, daß in solchen Fällen der Testamentsvollstrecker die Ueberlassung der Gegenstände nicht verweigern kann, wenn der Erbe für die Berichtigung der Verbindlichkeiten oder für die Vollziehung der Vermächtnisse oder Auflagen Sicherheit leistet.

Hat der Testamentsvollstrecker zum Zwecke der Erfüllung seiner Aufgaben Aufwendungen gemacht, so kann er nach Maßgabe der für den Auftrag geltenden Vorschriften des § 657 von dem Erben Ersatz verlangen (§ 2192 Abs. 1). Daneben gebührt ihm für die Führung seines Amtes eine angemessene Vergütung, sofern nicht der Erblasser ein Anderes bestimmt hat (§ 2195).

V. Die Denkschrift in Betreff der Testamentserrichtung.

Im Einklange mit dem geltenden Rechte schreibt der Entwurf vor, daß der Erblasser ein Testament nur persönlich errichten kann (§ 2039). Jede Vertretung ist daher hier ausgeschlossen.

Die Fähigkeit zur Errichtung eines Testaments bestimmt sich im Allgemeinen nach den für die Geschäftsfähigkeit überhaupt geltenden Vorschriften der §§ 100 ff.

Demgemäß kann, wer geschäftsunfähig ist oder sich im Zustande der Bewußtlosigkeit oder einer, wenngleich nur vorübergehenden, Störung der Geistesthätigkeit befindet, ein Testament nicht errichten (§§ 100, 101). Hiernach ist namentlich dem wegen Geisteskrankheit Entmündigten (§ 100 Nr. 3, § 101 Abs. 1) die Fähigkeit, ein Testament zu errichten, vollständig entzogen. Das Gemeine Recht und ihm folgend das Bayerische Landrecht III, 3 § 3 Nr. 2 stehen allerdings auf dem Standpunkte, daß derselbe während eines lichten Zwischenraums in gültiger Weise letztwillig verfügen könne. Allein die Rechtssicherheit fordert, daß die Geschäftsunfähigkeit des wegen Geisteskrankheit Entmündigten, wie für Geschäfte unter Lebenden, so in Ansehung der Verfügungen von Todeswegen bis zur Aufhebung der Entmündigung fortdauere, und diese Auffassung ist auch im Preußischen Rechte (A. L. R. I, 12 § 21), im Französischen Rechte (Code civil Art. 503) und im Sächsischen Rechte (Gesetz vom 20. Februar 1882 III) zur Geltung gelangt.

Weiterhin hat aber der Entwurf (§ 2203 Abs. 3 Satz 1), abweichend von den allgemeinen Bestimmungen (§ 110), die Fähigkeit, ein Testament zu errichten, den wegen Verschwendung, Trunksucht oder Geistesschwäche Entmündigten versagt. Dem wegen Verschwendung Entmündigten fehlt diese Fähigkeit schon nach der herrschenden Auffassung des Gemeinen Rechtes. Derselben Auffassung sind das Bayerische Landrecht III, 3 § 3 Nr. 2, das Württembergische Landrecht, das Sächsische Gesetzbuch (§ 2072) und mit einer gewissen Beschränkung auch das Badische Landrecht (Satz 502 ff. 513 a) gefolgt. Nach Preußischem Rechte (A. L. R. I, 12 §§ 27 ff., Anh. § 42) kann ein wegen

Verschwendung Entmündigter bis zur Hälfte des Nachlasses frei verfügen, dagegen kann er die andere Hälfte seinem Ehegatten sowie seinen Verwandten bis zum sechsten Grade nicht durch letztwillige Verfügungen entziehen; der Widerruf eines Testaments ist ihm gestattet. Nach dem Art. 513 des Code civil ist die Entmündigung wegen Verschwendung auf die Fähigkeit zur Errichtung eines Testaments überhaupt ohne Einfluß. In Wirklichkeit bietet ein wegen Verschwendung Entmündigter nicht die nöthige Gewähr dafür, daß er von dem Rechte, ein Testament zu errichten, den angemessenen, dem Interesse der Familie entsprechenden Gebrauch machen werde. Das gleiche Bedenken trifft hinsichtlich des wegen Trunksucht und des wegen Geistesschwäche Entmündigten zu. Dem letzteren fehlt außerdem in der Regel die erforderliche Widerstandsfähigkeit gegen ungehörige Beeinflussung durch Andere. Bei Personen, welche wegen Verschwendung, Trunksucht oder Geistesschwäche entmündigt werden, ist übrigens auch noch mit der Gefahr zu rechnen, daß sie die Zeit von der Stellung des Entmündigungsantrags bis zur Entmündigung benutzen, um aus unlauteren Beweggründen, etwa aus Rachsucht, ihr Vermögen durch letztwillige Verfügungen der Familie zu entziehen. Im Anschluß an eine verwandte Vorschrift des Preußischen Rechtes (A. L. R. I, 12 § 32) setzt daher der Entwurf (§ 2203 Abs. 3) fest, daß für jene Personen der Eintritt der Unfähigkeit zur Errichtung eines Testaments sich nach dem Zeitpunkte bestimmt, zu welchem der Antrag gestellt ist, auf Grund dessen die Entmündigung erfolgte.

Der Grundsatz, daß der Entmündigte nicht fähig ist, ein Testament zu errichten, erleidet für alle Fälle der Entmündigung dann eine Ausnahme, wenn der Entmündigte nach der Stellung des Antrags auf Wiederaufhebung der Entmündigung ein Testament errichtet und die Entmündigung dem Antrage gemäß aufgehoben wird (§ 2204 Abs. 2). Durch den Erfolg des Antrags wird in unzweifelhafter Weise dargethan, daß der Mangel, der zur Entmündigung geführt hätte, zur Zeit der Errichtung des Testaments gehoben war, und es erscheint daher billig, daß nunmehr die Entmündigung der Gültigkeit des Testaments nicht weiter entgegenstehe. Hat ein Entmündigter ein Testament errichtet, bevor der die Entmündigung aussprechende Beschluß unanfechtbar geworden war und ist er demnächst noch vor Eintritt der Unanfechtbarkeit gestorben, so fehlt es an einer sicheren Grundlage für die Annahme, der Entmündigte sei zur Zeit der Errichtung des Testaments geschäftsunfähig gewesen. Auch hier steht daher die Entmündigung der Gültigkeit nicht entgegen (§ 2204 Abs. 1).

Dem in der Geschäftsfähigkeit beschränkten Minderjährigen (§ 103) kann die Fähigkeit, ein Testament zu errichten, erst beigelegt werden, wenn er ein Alter erreicht hat, in dem er die Tragweite letztwilliger Anordnungen zu würdigen vermag und ungehöriger Beeinflussung nicht ohne Weiteres zugänglich ist. Nach dem Gemeinen Rechte tritt jene Fähigkeit für das männliche Geschlecht mit dem vollendeten vierzehnten, für das weibliche mit dem vollendeten zwölften Lebensjahr ein, nach dem Preußischen und dem Sächsischen Rechte für alle Minderjährige ohne Unterschied des Geschlechts mit dem vollendeten vierzehnten Lebensjahre (Preuß. A. L. R. I, 12 § 16, Sächs. Gesetzbuch § 2066). Indessen fehlt diesem Alter in der Regel die erforderliche geistige Reife, und der Entwurf erklärt daher im Einklange mit dem Französischen Rechte (Code civil Art. 903) und dem Württembergischen Landrechte das vollendete sechszehnte Lebensjahr für den maßgebenden Zeitpunkt (§ 2203 Abs. 2). Der Minderjährige ist, was die Errichtung eines letzten Willens betrifft, bis zu diesem Zeitpunkte geschäftsunfähig, von da an aber geschäftsfähig, so daß er nun auch nicht der Zustimmung des gesetzlichen Vertreters bedarf (§ 2203 Abs. 1).

Die Bedeutung, welche die Errichtung eines Testaments für den Erblasser selbst, für seine Familie und für den Verkehr im Allgemeinen hat, macht es nothwendig, für dasselbe eine Form vorzuschreiben, durch welche die Echtheit und der Inhalt des letzten Willens sichergestellt werden. Dabei muß aber die Form so gestaltet werden, daß die Gefahr von Mängeln, welche die Gültigkeit des Testaments in Frage stellen, nach Möglichkeit ausgeschlossen bleibt. Endlich handelt es sich darum, einer

Beeinflussung des Willens des Erblassers durch andere Personen thunlichst vorzubeugen.

Der Entwurf lehnt demgemäß das Privattestament als ordentliche Testamentsform ab. Das mündliche Privattestament, wie es nach dem Gemeinen Rechte und dem Sächsischen Gesetzbuch (§§ 2100 ff., 2106) unter Zuziehung von Zeugen errichtet werden darf, bietet keine Gewähr dafür, daß der Inhalt des Testaments nach dem Tode des Erblassers sich in zuverlässiger Weise feststellen läßt. Das schriftliche, unter Zuziehung von Zeugen zu errichtende Privattestament des Gemeinen Rechtes, welches gleichfalls in neuere Gesetze (§§ 2100 ff. des Sächs. Gesetzbuchs, Art. 7 des Lüb. Gesetzes vom 9. Dezember 1865) übergegangen ist, giebt leicht zu Formfehlern Anlaß und bietet auch keinen ausreichenden Schutz gegen etwaige Beeinflussungen. Noch stärker macht sich das letztere Bedenken bei dem ohne Zuziehung von Zeugen zu errichtenden eigenhändigen (sog. holographen) Testamente des Französischen und des Badischen Rechtes (Code civil Art. 969, 970, 1001; Bad. Landrecht S. 969, 970, 1001) geltend. Auf der anderen Seite ist in dem großen Gebiete des Preußischen Rechtes (A. L. R. I, 12 §§ 66 ff.), welches nur das öffentliche Testament kennt, niemals das Bedürfniß hervorgetreten, durch Zulassung des Privattestaments die Errichtung letztwilliger Verfügungen zu erleichtern.

Für das öffentliche Testament ist im Preußischen Rechte ausschließlich die gerichtliche Form, in Bayern sowie in den Gebieten des Französischen und des Badischen Rechtes ausschließlich die notarielle Form vorgeschrieben. Das Gemeine Recht und eine große Zahl neuerer Gesetze (vergl. insbesondere Sächs. Gesetzbuch § 2108 und Sächs. Notariatsordnung vom 5. September 1892 §§ 1, 34; Württemb. Notariatsordnung vom 25. Oktober 1808 § 17 und Gesetz vom 14. Juni 1843 Art. 9; Hannov. Notariatsordnung vom 18. September 1853 §§ 1, 44) lassen die gerichtliche und die notarielle Form nebeneinander zu. Der Entwurf (§ 2205) schließt sich den letzteren Gesetzen an, indem er bestimmt, daß das Testament in ordentlicher Form nur vor einem Richter oder vor einem Notar errichtet werden kann und daß der Richter einen Gerichtsschreiber oder zwei Zeugen, der Notar zwei Zeugen zuziehen muß. Uebrigens soll mit Rücksicht auf die Verschiedenheit der Verhältnisse in den einzelnen Gebieten die Landesgesetzgebung durch einen Vorbehalt im Einführungsgesetz ermächtigt werden, die gerichtliche oder die notarielle Form für die ausschließlich zulässige zu erklären.

Die Errichtung des gerichtlichen oder des notariellen Testaments erfolgt in der Weise, daß der Erblasser dem Richter oder dem Notar entweder seinen Willen mündlich erklärt oder daß er eine, von ihm selbst oder einem Anderen geschriebene, Schrift offen oder verschlossen mit der mündlichen Erklärung übergiebt, daß die Schrift seinen letzten Willen enthalte (§ 2210 Abs. 1). Beide Arten der Errichtung sind nach dem Vorgange des Gemeinen Rechtes in allen neueren Gesetzen bereits anerkannt (Preuß. A. L. R. I, 12 § 66; Sächs. Gesetzbuch § 2092; Code civil Art. 976).

Wer minderjährig ist oder Geschriebenes nicht zu lesen vermag, kann ein Testament nur durch mündliche Erklärung errichten (§ 2210 Abs. 1). Er wird auf diese Art gegen unbefugte Einwirkungen Anderer geschützt. Umgekehrt kann, wer nach der Ueberzeugung des Richters oder des Notars stumm oder sonst am Sprechen verhindert ist, ein Testament nur durch Uebergabe einer Schrift errichten (§ 2215).

Das vor dem Richter oder dem Notar errichtete Testament soll nach § 2218 in amtliche Verwahrung gebracht werden. Diese Ordnungsvorschrift ist durch die Rechtssicherheit geboten und findet sich schon in den neueren Gesetzen.

Neben der gerichtlichen und der notariellen Form läßt der Entwurf (§ 2219 bis 2223) für außerordentliche Fälle erleichterte Formen der letztwilligen Verfügung zu.

Ist zu besorgen, daß der Erblasser früher sterben werde, als die Errichtung eines Testaments in odentlicher Form möglich ist, so kann die Errichtung des Testaments vor dem Gemeindevorsteher und zwei Zeugen erfolgen (§ 2219). Aehnliche Vorschriften finden sich bereits im geltenden Rechte (vergl. Preuß. A. L. R. I, 12 §§ 93 ff.; Code civil Art. 974). Die Vorschriften der §§ 44 ff. des Reichsmilitärgesetzes vom 2. Mai 1874

(Reichs-Gesetzbl. S. 45) über das Soldatentestament bleiben selbstverständlich auch ferner in Wirksamkeit.

Eine Formerleichterung stellt sich weiter als Bedürfniß dar, wenn der Erblasser sich an einem Orte aufhält, der in Folge einer Krankheit oder sonstiger außerordentlicher Umstände dergestalt abgesperrt ist, daß die Errichtung des Testaments in ordentlicher Form nicht möglich oder erheblich erschwert ist. Auch das geltende Recht (Preuß. A. L. R. I, 12 §§ 198 ff. Code civil Art. 985 ff.; Sächs. Gesetzbuch §§ 2113, 2114) trifft für solche Verhältnisse, wenngleich mit vielfachen Abweichungen im Einzelnen, besondere Vorsorge. Nach dem Entwurf (§ 2220) kann der Erblasser in dem bezeichneten Falle das Testament errichten: 1. vor dem Gemeindevorsteher und zwei Zeugen, 2. durch eine unter Angabe des Ortes und des Tages der Ausstellung eigenhändig geschriebene und unterschriebene Erklärung oder 3. durch mündliche Erklärung vor drei Zeugen. Die beiden zuletzt erwähnten Formen stehen (§ 2221) ferner demjenigen zu Gebote, welcher sich während einer Seereise an Bord eines deutschen, nicht zur Kaiserlichen Marine gehörenden Fahrzeugs außerhalb eines inländischen Hafens befindet; auch in dieser Hinsicht enthält schon das geltende Recht ähnliche Bestimmungen (Preuß. A. L. R. I, 12 §§ 205, 206; Code civil Art. 988 ff.). Was die Testamente von Personen betrifft, die zur Besatzung eines in Dienst gestellten Schiffes der Kaiserlichen Marine gehören oder sich sonst an Bord eines solchen Schiffes befinden, so sollen auf diese Testamente durch eine Bestimmung im Einführungsgesetze die Vorschriften des Reichsmilitärgesetzes ausgedehnt werden.

Die Wirksamkeit eines nach den §§ 2219 bis 2221 in außerordentlicher Form errichteten Testaments hat der Entwurf nach dem Vorgange der neueren Gesetzgebung (Preuß. A. L. R. I, §§ 201, 207; Code civil Art. 987, 996; Sächs. Gesetzbuch § 2114) zeitlich beschränkt. Ist die Lage, welche den Verfügenden zur Anwendung der außerodentlichen Form berechtigte, beseitigt und war ihm weiterhin Zeit und Gelegenheit geboten, ein Testament in der ordentlichen Form zu errichten, so fällt jeder Anlaß für eine Berücksichtigung jener Verfügung weg. Dieselbe gilt demgemäß (§ 2222 Abs. 1) als nicht errichtet, wenn seit der Errichtung drei Monate verstrichen sind und der Erblasser noch lebt; Beginn und Lauf der Frist sind jedoch gehemmt, so lange der Erblasser außer Stande ist, ein Testament in ordentlicher Form zu errichten (§ 2222 Abs. 2).

Eine besondere Form läßt der Entwurf (§ 2223) nach dem Vorgange des Preußischen Gesetzes vom 3. April 1823 für Testamente zu, welche von einem Gesandten oder Berufskonsul des Reiches oder von Personen, die zu einer Gesandtschaft oder einem Konsulat des Reiches gehören, im Ausland errichtet werden. Der Verfügende kann die Erklärung seines letzten Willens offen oder verschlossen dem Reichskanzler mit einem Annahmegesuch übersenden; mit der Absendung ist das Testament errichtet. Die Erklärung des letzten Willens und das Annahmegesuch müssen unter Angabe des Ortes und Tages der Abfassung von dem Erblasser eigenhändig geschrieben und unterschrieben sein.

Endlich läßt der Entwurf, einem praktischen Bedürfniß entsprechend, für eine Reihe von Verfügungen mit Rücksicht auf ihren Inhalt eine erleichterte Form zu. Im Anschluß an das Preußische Recht (A. L. R. I, 12 §§ 161 ff.; § 17 Abs. 1 Nr. 2, § 21 Abs. 1 Nr. 6, § 26 Abs. 5, § 35 Abs. 3, § 47, § 57 Abs. 1, § 60 Abs. 2, §§ 70, 72 der Preuß. Vormundschaftsordnung vom 5. Juli 1875) gestattet er dem Erblasser, in einem unter Angabe des Ortes und des Tages der Ausstellung eigenhändig geschriebenen und unterschriebenen Testamente Vermächtnisse anzuordnen, sofern diese nicht im Gesammtbetrage den zwanzigsten Theil des Nachlasses übersteigen (§ 2224), sowie Anordnungen über sein Begräbniß und gewisse familienrechtliche Anordnungen, z. B. die Ernennung eines Vormundes für seine Kinder, die Anordnung einer befreiten Vormundschaft, zu treffen (§ 2225 Satz 1). In der gleichen Form kann der Erblasser einen Testamentsvollstrecker ernennen (§ 2225 Satz 2).

VI. Die Denkschrift in Betreff des gemeinschaftlichen Testaments.

Während das Gemeine und das Sächsische Recht (Sächs. Gesetzbuch §§ 2196 ff.) gemeinschaftliche Testamente allgemein zulassen, schließt das Französische Recht (Code civil Art. 968) sie schlechthin aus. Ob nach Preußischem Rechte Mehrere den letzten Willen in einer gemeinsamen Urkunde erklären können, ist bestritten; die Errichtung eines gemeinschaftlichen, wechselseitigen Testaments ist jedenfalls nur Ehegatten gestattet (Preuß. A. L. R. I, 12 § 614, II, 1 § 482).

Erfahrungsmäßig sind gemeinschaftliche Testamente die Quelle häufiger Rechtsstreitigkeiten. Ihre Zulassung ist daher nur insoweit gerechtfertigt, als sie durch ein unabweisbares Bedürfniß gefordert wird. Ein solches Bedürfniß besteht, wie namentlich die Entwickelung in den Gebieten des Gemeinen Rechtes zeigt, für Ehegatten. In der That entspricht es der deutschen Auffassung von dem Wesen der Ehe, wenn die Ehegatten nicht nur während der Dauer derselben alle wichtigen Angelegenheiten im beiderseitigen Einverständniß erledigen, sondern auch für den Todesfall ihre Verhältnisse durch gemeinschaftliche letztwillige Verfügung regeln. Dagegen liegt kein Anlaß vor, auch anderen Personen die Möglichkeit der Errichtung gemeinschaftlicher Testamente zu eröffnen. Insbesondere werden im Falle des Verlöbnisses die erbrechtlichen Verhältnisse der künftigen Ehegatten schon jetzt meist durch Ehe- und Erbvertrag geordnet.

Das gemeinschaftliche Testament dient häufig den Ehegatten dazu, sich gegenseitig zu bedenken. Nicht selten wird auch dem einen Ehegatten von dem anderen eine Zuwendung in der Weise gemacht, daß der letztere gleichzeitig für den Fall des Ueberlebens des Bedachten eine Verfügung zu Gunsten eines Dritten trifft, der mit dem anderen Ehegatten verwandt ist oder ihm nahe steht. Im einen wie im anderen Falle ist regelmäßig die Verfügung des einen Ehegatten nur mit Rücksicht auf die Verfügung des anderen getroffen; es entspricht demgemäß der Willensmeinung der Betheiligten, daß die Nichtigkeit und der Widerruf der einen Verfügung die Unwirksamkeit der anderen zur Folge haben sollen. Nach dem Vorgange der gemeinrechtlichen Praxis und des Preußischen Rechtes (A. L. R. II, 1 §§ 485 ff.) stellt der Entwurf (§ 2243) eine Rechtsmuthung in diesem Sinne auf. Der Widerruf einer

Verfügung, die zu einer Verfügung des anderen Ehegatten in dem bezeichneten Verhältnisse der Abhängigkeit steht, darf bei Lebzeiten der Ehegatten nur in der Weise erfolgen, daß er dem anderen Ehegatten gegenüber durch eine gerichtlich oder notariell beurkundete Erklärung abgegeben wird (§ 2244 Abs. 1 Satz 1). Der letztere wird dadurch in die Lage gebracht, eine neue, den geänderten Umständen entsprechende Verfügung zu treffen. Nach dem Tode des anderen Ehegatten kann der Ueberlebende seine Verfügung aufheben, wenn er das ihm Zugewendete ausschlägt. In der Annahme des Zugewendeten findet die Praxis des Gemeinen Rechtes überwiegend einen bindenden Verzicht auf das Recht des Widerrufs, und diese Auffassung hat im Preußischen Allgemeinen Landrecht II, 1 § 492 und im Sächsischen Gesetzbuch (§ 2214) ausdrückliche Anerkennung gefunden. Sie entspricht auch der regelmäßigen Absicht der Vertragschließenden und der Entwurf (§ 2244 Abs. 2 Satz 1) ist ihr daher gleichfalls gefolgt. Jedoch wird, in Uebereinstimmung mit der Praxis des Preußischen Rechtes, dem überlebenden Ehegatten noch nach der Annahme die Befugniß zur Aufhebung seiner zu Gunsten eines Dritten getroffenen Verfügung für den Fall gewährt, daß sich der bedachte Dritte einer Verfehlung schuldig macht, die den überlebenden Ehegatten zur Entziehung des Pflichttheils berechtigt oder, falls der Dritte nicht zu den Pflichttheilsberechtigten gehört, dazu berechtigen würde, wenn der Bedachte ein Abkömmling des überlebenden Ehegatten wäre (§ 2244 Abs. 2 Satz 2). Im Anschluß an die preußische Praxis wird ferner, wenn ein pflichttheilsberechtigter Abkömmling der Ehegatten oder eines der Ehegatten bedacht ist, dem Erblasser gestattet, den Abkömmling nach Maßgabe der Vorschriften des § 2311 in guter Absicht zu enterben (§ 2244 Abs. 3), da durch eine solche Verfügung der Erblasser nur der Pflicht der Fürsorge für den Abkömmling Genüge leistet.

Lippert & Co. (G. Pätz'sche Buchdr.), Naumburg a/S.

Kolibri 360 GmbH
Ferdinand-Jühlke-Straße 7
99095 Erfurt, Deutschland
produktsicherheit@kolibri360.de